CELSO MARTINS

VITAMINAS PARA O CORAÇÃO

editora otimismo

Copyright © Celso Martins, 1998
Todos os direitos reservados desta edição:
Editora Otimismo Ltda
SIG - Q. 06 - Lote 1.515 - Sala 102
70610-400 - Brasília - DF
Telefax: (061) 344.0505
1ª Edição
5.000 exemplares
Brasília, abril de 1.998

M379   Martins, Celso
      Vitaminas para o Coração / Celso Martins -- Brasília :
      Otimismo, 1998
        96 p. : il.
      ISBN 85-86524-11-5

      1. Conduta de vida   2. Otimismo   I. Título
                                    CDU 141.21

Ilustração: Erasmo da Silva Nunes
Revisão: Vanessa Daltrozo Munhoz Menezes
Digitação: Martha Pereira Lima
Diagramação e editoração: José Cláudio Lopes

Índice

Apresentação	5
A sua casa mental	9
Vamos em frente	11
Diante da velhice	14
Palavras aos jovens	17
O valor do sorriso	20
Erros e acertos	23
Mente versus corpo	26
Como vai a família?	29
Interdependência	32
Esperança sempre	35
Nestes dias agitados	37
O mundo está podre!	41
Previsão temerária	45
A união faz a força	48
Bate-papo amigo	51
Chinelos velhos	55
A palavra amigo	58
Ação e reação	61
Defeitos alheios	64
Mantenhamos a fé	67
O lado belo da vida	68
Nada de culpa	72
Por que a ansiedade?	75
Cresça e apareça	78
Sobre o dinheiro	81
Por amor à criança	84
Construa o seu destino	87
Estresse	90
Lembretes oportunos	93
Roteiro cristão	95

APRESENTAÇÃO

Celso Martins deu-nos uma grande alegria ao nos escolher para apresentar este livro. Mas o livro fala por si. Em cada página, em cada oração aqui posta, transparece o cuidado do autor em levar um ensinamento que ajude e ilumine os leitores. São lições sobre o poder da mente, o valor do estímulo, a sabedoria da velhice, a força da juventude, o valor do sorriso, o aprendizado nos erros e acertos, a influência das emoções sobre o corpo, a família, a interdependência e a solidariedade entre as pessoas, a manutenção da esperança, como melhorar o mundo e outras, de grande valor.

Assim pensando, surgiu-nos, então, de maneira vibrante, a vontade de apresentar aos leitores um Celso Martins pessoal, de corpo inteiro, o que fez ou faz, a sua vida, a sua obra. Aliás, por falar em obra, são 60 livros publicados, o que nos dá uma idéia do seu grande trabalho para melhorar o ser humano.

Pedimos que escrevesse contando tudo. E assim ele o fez, em novembro de 1997, permitindo-nos adentrar a história singular de sua vida.

Nasceu em 31 de agosto de 1942, numa habitação coletiva, vulgarmente chamada "cabeça de porco", à Rua Santa Cristina, no Rio de Janeiro, então Capital Federal.

De seu pai, Agostinho Martins, ainda vivo, sabe-se que foi confeiteiro de profissão e que se tornou espírita em 1940, em razão de uma perturbação espiritual. Sua mãe, Maura Nascimento Martins, já não se encontra mais entre os encarnados, desde 1997.

Casou-se aos vinte e sete anos, com Neli Tavares Martins. Do afortunado matrimônio, vieram-lhe dois rebentos, Celso e Silvana.

Ao longo de sua vida laboriosa, Celso Martins concluiu a Faculdade de Filosofia, Ciências e Letras, da Universidade do então Estado da Guanabara, e a de Pedagogia, na Sociedade Universitária Augusto Motta.

Um pendor inato para lecionar levou-o, ainda bastante jovem (aos 18 anos), às salas de aula, em que teve a oportunidade de dedicar-se ao ensino de diversas disciplinas, entre elas Português, Matemática, Ciências, Biologia e Geologia, além de Física.

Aos 25 anos passou a integrar o quadro docente do Colégio Estadual Professor José Accióli, num subúrbio do Rio de Janeiro, onde atua hoje em dia, compartilhando ricas experiências e conhecimentos hauridos no decorrer de uma dinâmica jornada terrena, cada vez mais produtiva.

Mas, paralelamente ao homem intelectual e realizador, sempre existiu também um Celso Martins idealista, conectado com as realidades mais sutis da existência.

Bafejado pela Doutrina Espírita desde o berço, iniciou, ainda precocemente (aos 5 anos de idade), contato com as obras de Kardec e Humberto de Campos.

Por aproximados seis anos, contribuiu com a Rádio Rio de Janeiro, em programas que lhe possibilitavam dar vazão à sua imensa capacidade de elucidar, orientar e auxiliar, à luz de uma filosofia de vida otimista e cristã.

Desde seus 14 anos, Celso já se interessava pelo Esperanto, tendo chegado a ser professor da Liga Brasileira de Esperanto, em cursos de correspondência. Seus conhecimentos sobre essa língua renderam-lhe a estréia no Jornalismo, no jornal *Correio da Lavoura*, de Nova Iguaçu/RJ, em agosto de 1961.

Somando-se seus contos, trovas, sonetos, crônicas, entrevistas, reportagens, ensaios e comentários sobre livros, chegamos a um número superior a 5.000. Suas produções repartem-se entre mais de 50 jornais, espíritas ou não, tanto do Brasil quanto de países como a Argentina, Venezuela, Portugal, Itália e Finlândia.

Seu primeiro livro saiu em fins de 1970, com o título de *Suspiros de um Coração*, contendo 60 sonetos líricos e espíritas. No ano seguinte, publicou *Lira de Dois Corações*, de parceria com o poeta espanhol, espírita, André Fernandes. Três anos depois saía *Estudos Doutrinários* e, em 1975, um livro de trovas chamado *Grânulos de Areia*. E por aí segue a lista.

Cada livro, para Celso, é um filho e tem uma história peculiar que merecia ser contada...

Em benefício da Rádio Rio de Janeiro, escreveu, em 10 dias, o livro *Problemas Espirituais*, cuja edição inicial de 3.000 exemplares foi vendida em rápidos 3 meses. Isso foi em 1992. Posteriormente foi publicado *Sexo, Amor e Educação* também em favor da Rádio. A primeira edição, com iguais 3.000 exemplares, saiu em março de 1993 e, já em maio do mesmo ano, não havia nenhum exemplar em estoque na emissora citada. Está em 6ª edição.

Ainda para a Rádio elaborou o livro *Também Quero Saber* e *Perguntas que o Povo Faz*, sendo que este último conheceu duas edições em apenas um ano.

Como nos seria difícil sumariar aqui cada uma das obras que compõem sua primorosa caminhada no meio literário, forneceremos apenas dados de algumas delas, as quais julgamos especialmente interessantes:

- *O Sexo e o Amor em nossas Vidas* - sua primeira edição, de 8.000 exemplares, esgotou-se em apenas um mês (julho de 86);

- *Biogeografia e Ecologia* - obteve um prêmio do Ministério da Educação e Cultura e estava, em 1997, em sua décima segunda edição;

- *Drogas e suas Conseqüências* (foi escrito em parceria com médicos) - sua primeira edição vendeu mais de 2.000 exemplares em um mês.

Poderíamos ainda tecer mais e mais comentários louváveis sobre o amigo Celso e sua preciosa obra, porém o espaço é curto. Deixamos outros detalhes para uma futura ocasião.

Mas fazemos questão de registrar aqui nosso apreço e admiração por esse incansável mestre e escritor, que sempre se interessou pela problemática social do nosso povo e, em particular, da juventude.

Lourival Lopes

A SUA CASA MENTAL

Suponhamos que tenha você de morar as 24 horas do dia, durante todos os anos de sua existência, dentro de uma mesma casa.

Não será preciso perguntar-lhe se escolheria uma casa confortável e arejada, que possuísse amplos cômodos e bons móveis, oferecendo-lhe segurança e bem-estar; ou se elegeria um casebre sombrio, infecto, abafado, erguido toscamente à beira de um abismo num arrabalde distante de todos os recursos urbanos.

É lógico que você, sem pensar duas vezes, optaria alegremente por aquela herdade segura e agradável, se possível construída às margens de um lago sereno ou de uma praia tranqüila, ou então na verdura macia de um campo, longe dos ruídos das grandes cidades.

Pois muito bem, queira ou não queira, você reside o tempo todo numa casa que você mesmo ergueu e mantém de pé. Uma casa cujos cômodos são as suas atividades e as suas preocupações, cujos móveis e utensílios são os seus pensamentos e as suas idéias, cujos adornos são os seus ideais mais queridos. Trata-se de sua casa mental, da qual se ausenta você apenas durante as fugidias horas de sono. Então, eu lhe indago se faria sentido habitar a caverna sombria da tristeza, do desânimo, da revolta, do ciúme, da indolência. Se não teria mais cabimento alojar-se nos compartimentos ventilados da alegria sorridente, da esperança vivaz, do bom humor diário, da tolerância compreensiva, do sincero desejo de lutar, acertar e vencer. A opção é sua, a cada manhã que surge em seu viver terreno, assim que você se ergue do leito para conviver com parentes, familiares, vizinhos, amigos, colegas de serviço e demais pessoas da via pública em geral.

Quem mora na tapera da descrença e do queixume paga o imposto do esgotamento físico e emocional, sujeitando-se aos juros de mora das doenças que solapam a alegria de viver. Quem prefere a propriedade da persistência e do equilíbrio, da retidão e do trabalho, da meditação e da paciência está livre da taxação dos aborrecimentos desnecessários, dos medos infundados e do assédio da insatisfação permanente.

Sendo assim, desfrutemos sem demora os benefícios dos pensamentos da fé, sem fanatismo; as vantagens das idéias do otimismo, sem fantasia; os eflúvios decorrentes das conversas tecidas de palavras de ternura e encorajamento, sem pieguismo. Gozemos, enfim, os poderosos prodígios dos ideais generosos, perseguindo com sensatez e confiança o advento de um futuro melhor para nós mesmos e para quantos estão vivendo à face do planeta Terra.

Meditemos nesta frase do escritor francês Chateaubriand: "Desde que um bom pensamento entra em nosso espírito, ele nos traz uma luz que nos faz ver uma quantidade de outras coisas cuja existência nem sequer imaginamos antes".

Diante disso, que bons pensamentos possam construir sempre a nossa casa mental, de modo que a vida se nos torne mais suave e produtiva.

VAMOS EM FRENTE

Eu até entendo a sua situação. Vinha você com o coração estuante, a transbordar nobres e caros ideais, no mais ardente desejo de ser feliz. Para tanto, deu o melhor de si mesmo, a fm de que a ventura, sem nenhuma sombra de tristeza, fosse uma agradável constante em seu viver.

Contudo, nem tudo quanto você imaginara efetivamente se fez realidade... Houve contratempos, surgiram desencontros, aconteceram surpresas desagradáveis. Você teve decepções, teve desilusões. Você, que tanto sonhara com o amoroso beijo da brisa, na frescura de uma primavera, acarinhando-lhe a face sorridente, defrontou-se com o rijo tufão da adversidade invernosa em noite de tempestade.

Ah! Fizesse você uma pesquisa na vida de todas as pessoas, logo veria que o mesmo se sucede na existência de todos, até mesmo na dos que passam a sorrir, ocultando, no escrínio do coração, mágoas dolorosas. Só que estes não se deixam abater e vão em frente. É possível que tais criaturas possam ter cometidos erros, enganos, equívocos. Como são humanas, estão sujeitas a isso, como ocorre comigo e com você. No entanto, saibamos que os erros, os enganos, os equívocos só são úteis quando nos ensinam e nos educam para que não os repitamos.

Descubro em seu semblante entristecido as nuvens da desilusão, da decepção, da descrença. E entendo o seu sofrimento. E por compreender o seu estado de espírito (porque eu também já passei por semelhantes dificuldades), aqui estou, na tentativa de levar-lhe ânimo.

Para lutar e vencer é preciso que sempre guardemos a certeza de que o oloroso jasmim exala aquele delicioso perfume porque o jasmineiro sabe continuamente recolher do solo úmido as substâncias químicas do esterco e transformá-las, à luz do sol, com o concurso do orvalho da noite, em inebriante aroma que atrai a abelha e é prazer para quem colhe flores num jardim. Trata-se de um incessante labor anônimo com resultados surpreendentes. E o mesmo se dá, quando, de um charco lodoso, aparece a pureza alvinitente de lírios a sorrir...

As frustrações, se, de uma parte, rasgam verdadeiras feridas de demorada cicatrização nas almas mais sensíveis, por outro lado também oferecem valiosos subsídios de aprendizagem e amadurecimento. Os obstáculos se erguem em nossos caminhos como testes necessários e mesmo providenciais para que avaliemos nossa capacidade de contorná-los e seguir adiante.

A escuridão da noite não é de modo algum eterna; segue-se-lhe, sempre e sempre, a luz de um novo dia. Demais, tudo depende da maneira como encaramos os acontecimentos. Aquilo que, à primeira vista, parece-nos amargoso vinagre, no momento em que o supúnhamos delicioso elixir, com o passar do tempo, se formos meditar sem ressentimentos, revelar-se-á remédio salutar, revitalizando-nos as forças físicas e despertando energias morais até então latentes e desconhecidas.

Por conseguinte, nada de esmorecimentos. Não se deixe abater pelas ocorrências desagradáveis. Reavalie com realismo e esperança os seus objetivos. Reúna todas as suas ânsias de progresso e vitória e prossiga com os olhos fitos na amplidão, não se importando tanto com os arranhões da pele ou com as manchas da túnica umedecida pelo suor. Se por ora a estrada é de cardos e calhaus, mais além ela será vereda alcatifada de flores e abrigará pássaros chilreando nas franças das árvores.

Vamos em frente, que, se você põe fé em tudo quanto faça na seara do bem, a vida dar-lhe-á, invariavelmente, recursos e meios para alcançar, no tempo exato, a meta colimada. É necessário que se demonstre paciência e pertinácia, para que se obtenha o tesouro inestimável da consciência tranqüila, em face do dever bem cumprido. Não parece, mas é esse o segredo da paz interior.

DIANTE DA VELHICE

Você se olha demoradamente no espelho. Vê sua imagem: os cabelos embranquecidos, a face vincada de rugas, a fisionomia cansada pelo peso dos anos vividos, que, às vezes, foram repletos de sofrimentos.

Você se lembra da infância distante, da mocidade que não mais volta, da madureza tecida de lutas e canseiras. E sente que a miopia não lhe permite a leitura das linhas do jornal. Os seus ouvidos já não percebem com clareza o que lhe diz alguém mais distante. Os seus dedos, joelhos e cotovelos dão sinais de reumatismo. Suas pernas não suportariam um andar apressado sem risco de tombos. E o seu coração, ah!... o seu coração se enche de saudades, de reminiscências.

Há quem se entristeça nesses momentos, não aceitando a realidade da existência que entra no inverno, não admitindo a marcha inexorável das horas. Há quem tema a aproximação da morte, ou os achaques do corpo não mais lépido, rápido e sadio, como anos antes.

Não seja, no entanto, esse o seu caso. Sem dúvida, a saudade virá e nos invadirá a alma, sim, sim, nas relembranças dos dias fagueiros da meninice e da juventude; lágrimas poderão rolar de nossa face ao virem à memória nossos amigos, nossos familiares, nossos afetos que já não vivem entre nós no mundo das formas transitórias; de fato, a nossa saúde poderá não ser mais aquela que nos sustentava o organismo... Todavia, nada de pensamentos derrotistas, de palavras amargas, de gestos de impaciência. Nada de muxoxos que reprovem o comportamento dos mais jovens ou de olhares de recriminação ante a conduta dos parentes mais próximos com os quais você conviva.

Aquele que consegue chegar em idade avançada presumivelmente tem maior soma de experiências, de vez que mais longo foi o seu período de aprendizado. Assim, poderá, com tato, com jeito, com habilidade, sugerir, ponderar e aconselhar, sem a pretensão de impor a sua verdade. Poderá aproveitar os ensejos de ser útil, sem ser inconveniente; de ser solícito, sem ser inoportuno; de ser orientador, se consultado, sem ser ranzinza ou implicante. Nada mais aborrecido para quem está ao nosso lado do que ouvir lamúrias alegando que "no meu tempo as coisas eram diferentes...", ou do que escutar queixas do tipo: "este mundo está perdido..." e "não sei para onde a gente vai...".

O ancião que vive assim não desperta simpatia de quem quer que seja. Pelo contrário, acaba falando sozinho, porque todos dele se afastam.

A velhice pode e deve ser a fase da vida em que iremos distribuir palavras de alento aos que estão desanimados, frases de esperança aos que estão entristecidos, atos generosos às crianças e aos jovens, exemplos de paciência e entendimento aos adultos.

Os cabelos brancos, as rugas, a miopia, a surdez, o reumatismo, a osteosporose não sejam motivo de receios e temores, porque as moléstias não escolhem idade. Crianças há que as sofrem desde o berço. Tampouco devem ser encaradas as deficiências do organismo envelhecido como prenúncio de morte. De igual maneira, esta não tem preferência por qualquer faixa etária.

Além do que, muitos escritores, músicos, pintores e cientistas legaram suas melhores produções geniais exatamente quando ultrapassaram a marca dos 65 anos de vida terrena. A anciania, em

15

vez de levá-los à inatividade, propiciou-lhes condições de ofertar valiosas contribuições para a família humana.

Dentro do possível, pois, que deixemos aos nossos semelhantes algo de bom, de nobre, de belo, de produtivo, como fruto do que aprendemos ao longo do nosso viver à face da Terra. Pelo menos deixemos boas lembranças e suaves recordações aos nossos genros, às nossas noras, aos nossos filhos e netos, no reduto do lar, mediante uma vida que seja exemplo de probidade e de retidão!

PALAVRAS AOS JOVENS

Muitos se dirigem aos jovens desejando captar-lhes a atenção para que comprem os seus produtos: as vestes, os tênis, os discos, o cigarro, coisas do consumismo intenso do mundo atual. Outros para eles se voltam criticando acerbamente o comportamento juvenil, sem, no entanto, dar-lhes outras maneiras de viver.

Por isso, nem sempre os mais moços ouvem o que dizem os mais velhos... Se adquirem os artigos anunciados na televisão, vendidos em estrondosas promoções, porque querem estar na moda, fazem estes mesmos moços ouvidos de mercador às admoestações dos críticos amargos que vivem no lar, na escola ou mesmo na religião. Nesse contexto, não é fácil falar aos moços e ser por eles escutado.

Até porque tem a mocidade o direito de experimentar tudo quanto a vida oferece, muito embora saibamos, de antemão, que poderá machucar-se em experiências mal conduzidas, porque levadas a efeito sem prévia reflexão.

De um modo geral, se a situação financeira não é de extrema

17

dificuldade, o jovem vive uma quadra de constantes apelos às sensações, às emoções, às diversões. Desfrutando de saúde, ele quer gozar o instante que passa sem maiores preocupações. Alega o vigor das forças físicas que é preciso aproveitar a vida antes que a velhice se instale ou a morte surja. E esse modo de pensar torna mais difícil ainda com os moços entabular, às vezes, um diálogo mais maduro, mais profundo, mais orientador.

Apesar dos entraves, ouso dirigir à mocidade algumas palavras, mas não para a recriminar ou lhe fazer sermões aborrecidos. Apenas tenciono trocar idéias e permutar experiências sobre a delicada arte de viver.

Aconselha a prudência não devemos agir de modo que venhamos, depois, a amargar no arrependimento. O remorso, embora seja também uma forma de aprendizado, é muito duro de viver. Assim sendo, antes de nos atirarmos a este ou àquele procedimento, pesemos as suas conseqüências. Valeria mesmo a pena expor-me eu a este ou àquele dissabor? As momentâneas alegrias de agora compensariam as contrariedades, as frustrações, as lágrimas do amanhã? Se a cada momento a vida me mostra como tanta gente se viu em palpos de aranha porque agiu de modo leviano e irrefletido, teria cabimento eu também enveredar pelo mesmo caminho, na bisonha presunção de que serei mais esperto, de que comigo será diferente, de que saberei sair ileso dos perigos evidentes?

Sem dúvida, a beleza física, a cultura acadêmica, o poder político, a aclamação popular, a inteligência fulgurante, a posse de dinheiro farto, tudo isso é muito bom. Mas, nem sempre é sinônimo de felicidade. Muitas vezes, apenas traz desnecessárias preocupações, desperta inimizades, cria constrangimentos e inspira ciúmes. Mais valioso é o tesouro da consciência tranqüila num viver sossegado, pelas estradas do anonimato.

O mundo cobra muito dos que se destacam. Acompanhando de perto seus passos, raramente perdoa seus equívocos e conhece suas dores mais secretas.

Não está, em se dizendo isso, o jovem impedido de ter os seus ideais de vitória e de sucesso na vida social. Pelo contrário, deve ele lutar por realizar os seus sonhos mais alcandorados. Todavia, tenha ele o cuidado de não se deixar levar pelas ilusões, fazendo o que todos fazem só porque todos fazem...

Não vá ser o desmancha-prazeres nem o do contra, o diferente, o que se julga melhor. Mas que não se deixe levar pelo empolgamento do instante, pela onda de irreflexão, pelo impulso do desejo.

Todos nós, moços ou adultos, velhos ou jovens, devemos ponderar calmamente antes de tomar esta ou aquela atitude. Sei que, no tumulto da vida atual, nem sempre agimos assim. E, por não termos esse cuidado, quase sempre nos arrependemos amargamente, ante o resultado nefasto da nossa precipitação.

Como se poderá ver, estas palavras servem para todos, independentemente da faixa etária. Mas, aos mais moços eu as endereço, porque desejo para eles todo o bem que sempre desejei a meus queridos filhos.

O VALOR DO SORRISO

Concordo em gênero, número e grau com aquele que disse estas palavras: "O dia mais perdido de todos é exatamente aquele em que não sorrimos".

A bem dizer, não nos custa um centavo sequer estampar no semblante a luz de um sorriso. Por ele não se cobra taxa nem imposto como tributação. Entretanto, tem um enorme valor, enriquecendo quem o dá e alegrando quem o recebe.

De fato, o sorriso dura apenas um momento fugaz; no entanto, seus efeitos podem perdurar durante longo tempo na memória de quem o ofertou (porque pelo menos se descontraiu e se distraiu de suas múltiplas preocupações) e na lembrança agradecida de quem o recebeu como um gesto de fraternidade espontânea.

O sorriso traz um pouco de felicidade para todos. Símbolo de amizade, poderá representar coragem para os combalidos, repouso para os cansados, um agradável raio de sol para os que estejam nas sombras da tristeza, ou a revitalização providencial para os que seguem desesperançados pelas estradas do viver laborioso.

Não se compra nem se vende um sorriso. É doado e bem recebido, se sincero, de modo que nenhuma moeda do mundo poderá pagar o seu custo, que a um tempo é extremamente módico e incrivelmente elevado.

Poderá estar, a esta altura, já alegando algum leitor:

— É muito bonito tudo o que você me diz, quando a vida nos sorri. Possuindo em abundância todos os bens materiais almejados, desfrutando de plena saúde, convivendo com amigos e familiares afáveis e solícitos, não sofrendo nenhuma pressão nem tendo grandes preocupações, só mesmo uma personalidade muito doente, eternamente insatisfeita é que deixaria de estampar no semblante a luz de um sorriso.

Quando, ao contrário, aparecem as dificuldades, surge uma doença teimosa a zombar dos médicos e dos remédios, atuam parentes de difícil trato e vizinhos intrigantes e invejosos, ou temos de encarar aperturas financeiras, torna-se bem difícil manter o rosto sorridente.

Concordo com a sua objeção. É compreensível o seu argumento. Também sou humano e já enfrentei essas embaraçosas situações neste meu meio século de vida na Terra. Porém, se você me permite, eu lhe faria algumas perguntas:

— Em situações difíceis, traria para mim algum proveito mostrar-me irritado e ficar o tempo todo de mau humor? Seria útil ou proveitoso para o meu próprio bem-estar armar-me de ressentimentos, rancor e propósitos de desforra? Representaria solução contrair a musculatura facial, exibir uma feia carranca, fechando-me no estreito círculo dos pensamentos sombrios do pessimismo?

É claro que tais procedimentos apenas tornariam mais demorado o meu mal-estar. Inutilmente eu estaria macerando, mortificando, machucando o coração. É melhor dar tempo ao próprio tempo para que a poeira se assente e a tranqüilidade volte a bafejar os meus passos e os passos das pessoas com as quais convivo.

Numa das ocasiões em que me era testada a paciência, encontrei num pequeno livro estas frases de um pensador desconhecido chamado Saadi, frases que transcrevo para sua reflexão:

"É bastante fácil ser alegre quando a vida desliza como uma

canção, mas o homem verdadeiro é aquele que sorri ainda quando tudo vai terrivelmente mal. Pois o teste do coração são as dificuldades, e elas sempre vêm com os anos, e o sorriso que merece os louvores da terra é aquele que brilha através das lágrimas".

Lidas essas palavras, eu me lembrei da lição da Natureza: o solo, depois de rasgado pelos dentes do arado, sorri, cobrindo-se de flores...

Ninguém é tão rico que não necessite de um sorriso num instante de dificuldade íntima, tanto quanto ninguém é tão pobre que não possa dá-lo de bom grado aos que lhe cruzam os passos pelas sendas da existência terrestre.

A experiência nos ensina que está muitíssimo necessitado de amparo aquele que não sabe mais relaxar a musculatura da face e sorrir diante de um amigo, de uma criança, de um velhinho, de uma flor, de um pássaro ou da luz da lua cheia.

Mais ainda: diz a ciência hoje em dia que, ao sorrirmos, o cérebro secreta e lança no sangue substâncias que são um tônico para o organismo, aumentando inclusive as nossas resistências naturais. Sendo assim, é medida higiênica de grande valia esboçar o indivíduo um sorriso, ainda que derredor haja problemas e obstáculos redentores.

Seja você aquele que leve esta singela, porém sincera mensagem de esperança aos seus companheiros de romagem terrena:

— Olá, tudo bem? Vamos, sorria! Sorria ainda que seja um sorriso meio triste, meio nostálgico, meio desenxabido. Será sempre bem mais triste, mais melancólico, mais constrangedor um semblante fechado, amarrado, como se fosse um céu cheio de nuvens anunciando iminente tempestade. Tal fisionomia é espelho de um coração sofrido que se nega a abrir-se às melhores oportunidades de ouvir a melodia suave do encanto de viver.

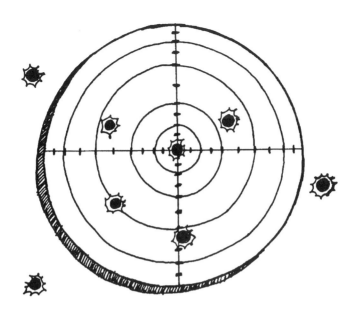

ERROS E ACERTOS

Certa ocasião, nessa minha mania de ler e ler muito, encontrei em um livro da lavra do escritor francês André Maurois, estampado, entre outros estudos, um ligeiro ensaio sobre um filósofo dessa mesma nacionalidade, Claude du Bos. Numa dada altura, Maurois, dono de uma exuberante bagagem cultural, apresenta trechos de cartas trocadas entre Bos e outras personalidades do mundo literário da França; nesse passo é citado um pensamento contido numa carta que o pensador recebera de Isabelle Rivière, o qual trago para este livro a fim de que possamos sobre ele refletir, ainda que ligeiramente.

Assim escrevia Isabelle Rivière ao amigo Claude du Bos:
"O homem é o que quer ser, não que jamais fraqueje, mas que se reerga de cada vez que cair".

Creio seria muito bom tivéssemos essa frase estampada diante de nossos olhos, como se fora um letreiro luminoso, todas as manhãs, assim que nos erguêssemos do leito para as lutas de cada dia. Embates, obstáculos, dificuldades, problemas, pressões, eles sempre surgem e surgirão, perante o nosso caminhar diuturno. Acerca disso não mantenhamos nenhuma ilusão. Uma vez ou outra, erramos. E quem não erra? Quem não se engana ou se equivoca? Dos erros podemos tirar algum proveito, alguma lição, não mais os repetindo. São as lutas, às vezes íntimas, desconhecidas do mundo, que só nós conhecemos em nossa intimidade, que nos conferem experiência. Como escreveu o beletrista português Camilo Castelo Branco, "no homem gasto, vão-se as ilusões e fica a experiência". Com efeito, é ela que nos modera as ações, amadurece-nos o espírito, educa-nos o caráter, dá-nos autoridade para agir e prudência antes de falar. Numa palavra, fruto das quedas e prenúncio dos acertos, é a experiência que nos propicia a bênção do crescimento moral e espiritual, senão também material.

O ilustre patrício Rui Barbosa (eu gosto muito de repetir frases do célebre jurisconsulto baiano) escreveu, na famosa *Oração aos Moços*, que Deus começa e a criatura termina a criação de si mesma, através do trabalho e da oração.

Orar, bem, orar todos (ou quase todos) oramos. Oramos a Deus dentro das concepções religiosas. Oramos pedindo, rogando, suplicando. E Deus, que é bom e é justo, responde às nossas súplicas, ajudando-nos, amparando-nos, socorrendo-nos em nosso progresso individual e coletivo. O homem necessita da prece como a planta precisa da luz do sol, como o próprio homem precisa do oxigênio do ar e da água pura da fonte cristalina.

Todavia, não basta orar e cruzar os braços. Não cairá nenhum maná dos céus. Sem dúvida, como reconhecia o clérigo francês Lacordaire, "a prece é o ato todo-poderoso que coloca as forças do céu à disposição dos homens". No entanto, acrescento eu, Deus não ouve a prece indolente, não escuta a rogativa do preguiçoso, não dá atenção às súplicas daquele que não mobiliza seus recursos próprios para lutar e avançar e vencer. Bem diz o provérbio popular: "Deus ajuda a quem madruga" e aquele outro adágio: "Ajuda-te e os céus te ajudarão".

Por uma estrada de extenso lamaçal seguiam dois carroceiros, cada qual conduzindo sua carroça puxada por bois. Num dado momento ambos os carros caíram num buraco mais profundo. O

24

primeiro lavrador desceu da carroça e, tendo colocado seus músculos em ação, colaborou com os animais e em breve saiu do atoleiro. O outro, extremamente religioso, limitou-se a ajoelhar-se à margem da estrada e entrou em contrita oração. Dizem que lá está orando... até hoje! No mesmo lugar!

Reunamos os recursos admiráveis da oração, na pauta de nossa fé religiosa pessoal, aos esforços de nossos recursos e de nossa criatividade, se quisermos avançar no caminho do viver terreno.

Nunca será demasiado se insistir na necessidade de agir, trabalhar, lutar, sair do comodismo, da indolência, da inércia, para a atividade plena e para a ação destemida, com a férrea vontade de avançar sempre.

É importante lembrarmos sempre a providencial frase de Isabelle Rivière ao filósofo Claude du Bos. O homem cai. E como cai! O homem fraqueja. E como fraqueja! Como vacila! Como vai ao solo! Vai ao chão! Mas, deve erguer-se, levantar-se, sacudir a poeira, dar a volta por cima e insistir no caminhar, ainda que lento. O rio consegue chegar ao mar porque sabe contornar os obstáculos que encontra em sua trajetória. É tudo uma questão de persistência.

Para encerrar, lembrou-me um pensamento japonês: "Cair – sete vezes. Erguer-se – oito!". Portanto...

MENTE VERSUS CORPO

Desde Hipócrates, quer dizer, há séculos antes de Cristo, defende-se a tese de que a mente influi sobre o corpo. Tanto que, a Juvenal, devemos o antigo aforismo: "Mente sadia em corpo sadio".

Pois muito bem, nos últimos anos do século XX, os médicos proclamam a importância das emoções sobre a saúde física. Lembram a influência das experiências vivenciadas na infância sobre a saúde emocional e o comportamento do jovem e do adulto. Enfatizam que os nossos pensamentos exercem papel preponderante sobre o funcionamento de nossos órgãos.

Por isso mesmo, aprendamos a viver num ritmo mais calmo (embora a vida nem sempre nos facilite isso), para que possamos dar ao organismo a abençoada chance de se recuperar dos esforços excessivos e garantir a continuidade serena da acuidade mental, da boa disposição para o trabalho, para o estudo e até mesmo para o lazer sadio.

Bem sei que isso nem sempre é fácil. Mas, vale a pena

investirmos energia nesse sentido, porque o lucro será de inestimável valia para cada um de nós.

Sendo assim, os pais (pai e mãe) devem ser alertados constantemente sobre isto: tudo quanto os filhos ouvem e vêem, sobretudo até os quatro anos de idade (incluindo a fase da vida intrauterina!) tem uma poderosa influência sobre o seu comportamento posterior.

Consta que Henrique IV, rei da França, costumava brincar com os filhos como se estivesse à mesma idade dos seus pimpolhos. Por um descuido do criado, certa noite entrou na câmara real o embaixador da Inglaterra no momento em que o rei andava de quatro pelo chão, servindo de cavalo ao herdeiro da coroa, o futuro rei Luís XIII, enquanto os outros filhos aplicavam no pai como que chicotadas, com cordõezinhos de seda!

O rei, sem abandonar aquela atitude paternal, perguntou ao embaixador:

— O senhor tem filhos?

Diante da resposta afirmativa do ilustre visitante, o monarca declarou:

— Então, eu posso continuar...

Entendamos bem a lição desse episódio: o rei ali se comportava como pai, e não como dirigente de soldados e governante de toda a poderosa nação. Assim, dava afeto, dava carinho, dava amor aos filhos queridos, sem autoritarismo (que é muito diferente de autoridade!).

Ah! Muitos filhos, muitos mesmo, mais do que a gente possa calcular à primeira vista, são vítimas do autoritarismo dos pais (pai e mãe), que, cá para nós, agindo assim não têm positivamente autoridade para educar os descendentes!

Mas, voltemos à psicossomática, depois dessa breve incursão ao terreno da educação das crianças, lembrando, de passagem, a frase do eminente educador suíço João Henrique Pestalozzi:

"A educação para ser efetiva deve ser, acima de tudo, afetiva".

O corpo reflete os componentes mentais, somatizando conflitos que lhe perturbam a harmonia, quando as construções psíquicas se irradiam carregadas de pessimismo, de vibrações tóxicas e inferiores.

Pessoas irascíveis, que se justificam como sendo apenas realistas, mas que, no fundo, são fatalistas, porque conduzem em cada gesto, palavra ou pensamento o azedume do negativismo (que se percebe em suas constantes mudanças de humor), essas pobres criaturas, sem que percebam, abrem campo para a invasão de elementos microbianos lesivos à saúde dos órgãos, que causam as moléstias de difícil cura e impreciso diagnóstico. A Medicina, nos últimos anos, vem demonstrando que as pessoas otimistas, alegres, confiantes e solidárias estimulam o seu sistema psiconeuroimunológico, tornando-se resistentes aos micróbios daninhos. Mesmo quando vitimadas por microorganismos patogênicos, tais pessoas recompõem depressa suas defesas orgânicas e restauram com a maior brevidade a saúde.

"Mens sana in corpore sano" — velho e importante aforismo de Juvenal, que já citei linhas acima. Tenhamos bons pensamentos e nobres ideais, para que funcionem bem o coração, o estômago, os intestinos, os rins, as glândulas internas, numa palavra, para que funcione bem e harmoniosamente todo o nosso organismo. Já será esse um grande passo para a felicidade, dentro do que se possa ser feliz à face da Terra.

COMO VAI A FAMÍLIA?

O Papa João Paulo II, embora vitimado pelo mal de Parkinson e visivelmente cansado e doente, realizou sua segunda visita oficial ao Brasil, que se limitou à cidade do Rio de Janeiro, e, entre outros pronunciamentos, manifestou-se em favor da família.

Sendo assim, recordando a presença de Sua Santidade em solo brasileiro nos dias iniciais de outubro de 1997, reservo um espaço deste livrinho para o mesmo assunto. Ressalto que concordamos integralmente com estas palavras de sua autoria: "todas as disciplinas referentes ao aprimoramento do cérebro são facilmente encontradas nas Universidades da Terra, mas a família é a escola do coração, erguendo os seres amados à condição de professores do espírito".

Se é nosso sincero desejo termos um porvir de mais harmonia, de mais concórdia, de mais entendimento, de mais saúde no corpo e na mente, precisamos investir *na* família. Ora, e atualmente há quem invista *contra* a família.

Contra a família tradicional (infelizmente ainda muito vigente por aí), na qual a mulher não tinha voz e as crianças não tinham vez; contra a família moralista, puritana, preconceituosa, que educava (educava mesmo?) mediante o autoritarismo e a imposição, na base do "cumpra-se e estamos conversados"; contra esse tipo arcaico familiar é claro que eu também me insurjo. Insurjo-me porque essa modalidade de relacionamento familiar não educava, apenas punia, sem corrigir. Criava criaturas pusilânimes, sem vontade própria, robotizadas, tímidas, acovardadas, amedrontadas, ou, então, o oposto, criaturas revoltadas, hipócritas e dissimuladas, que faziam na rua, por detrás dos pais, aquilo que em casa era reprimido. Essas pessoas não eram devidamente orientadas com amor, persuasão e ternura. Faltava-lhes, sobretudo, o exemplo a seguir.

Repito: é necessário que se invista na família, para que os vínculos entre seus integrantes se façam sobre as sólidas bases do afeto, da estima, da camaradagem, do diálogo, do apoio e do respeito. Que haja também a repreensão (se necessária), desde que seja acompanhada de explicação racional e acessível ao entendimento de quem a recebe, desde que não inferiorize e que seja inspirada pelo sentimento de amor.

De pleno acordo com quem já proclamou estas verdades:

"A família é uma reunião espiritual no tempo, e, por isso mesmo, o lar é um santuário. Muitas vezes, mormente na Terra, vários de seus componentes se afastam da sintonia com os mais altos objetivos da vida; todavia, quando dois ou três de seus membros aprendem a grandeza das suas probabilidades de elevação, congregando-se intimamente para as realizações do espírito eterno, são de se esperar maravilhosas edificações".

Neste passo, recordo Benjamim Franklin, o famoso inventor, político e diplomata norte-americano, que ficou célebre por ter inventado o pára-raios. Há um pensamento de sua autoria estampado em seu conhecido *Almanaque do Pobre Ricardo*, que se exprime nestas palavras:

"Mantém os olhos bem abertos antes do casamento; mas, semicerrados depois".

Dizem à boca pequena que o amor é cego! Entretanto, que o jovem não se deixe enceguecer na hora em que vai para o casamento. É óbvio que não irá procurar ou esperar perfeição no parceiro da vida em comum. Perfeito ninguém é. Se alguém o fosse, não estaria neste mundo.

Mas, isso não quer dizer que não se deva fazer uma cuidadosa análise, uma escolha prudente, antes de se contraírem núpcias, com base na alegação leviana de que, se não der certo, cada qual seguirá a sua vida. A separação de um casal tem-se mostrado perniciosa para a formação da personalidade dos filhos e, inevitavelmente, sempre deixa marcas profundas nos corações. Vejamos se o comportamento do outro não será um empecilho muito sério para a felicidade doméstica. Se os seus (ou os meus) pontos fracos não serão fonte de amarguras e de dificuldades na educação da prole.

Há quem diga assim: "Ah, depois de casado ele (ou, então, ela) muda... Eu saberei colocá-lo (ou colocá-la) nos devidos eixos. Deixe comigo!".

Com efeito, há casos em que, depois do casamento, o rapaz, antes farrista, torna-se marido fiel, pai extremoso, chefe de família exemplar. De igual maneira, a moça, anteriormente boneca mimosa, cheia de não-me-toques, se revela mãe carinhosa, esposa dedicada e tudo o mais. Mas, de modo nenhum haveremos de partir do pressuposto de que ele ou ela se emendará deste ou daquele defeito grave por ação e graça do enlace matrimonial. Deixar-se levar pela impulsividade e precipitação é arriscado, é dar um salto no escuro. E o ditado nos diz que "é melhor prevenir do que remediar".

E se ele ou ela não se emendar como supúnhamos? Apelar-se-ia, como já disse, para o divórcio, para a dissolução dos vínculos matrimoniais? Mas, iria um para cada lado na primeira divergência de opinião? Na primeira briga, às vezes por questões menores? E, nesse caso (perdão se me torno repetitivo), como é que ficam os filhos, geralmente ainda em tenra idade?

INTERDEPENDÊNCIA

Albert Einstein, o conhecido pai da Teoria da Relatividade, no livro intitulado *Idéias e Opiniões*, legou-nos esta sentença admirável: "Cem vezes por dia eu me lembro de que minha vida, tanto interior como exterior, está baseada nos trabalhos dos outros seres humanos, tanto vivos como falecidos, e de que devo esforçar-me para dar a outros na mesma medida em que tenho recebido e continuo ainda a receber".

Tal frase do famoso físico e matemático alemão se refere à solidariedade, "compromisso interior assumido livre e espontaneamente, mediante o qual as pessoas se comprometem a ajudar-se reciprocamente na efetivação de esforços: *todos por um e um por todos*".

Você que me lê neste momento: olhe para fora e para dentro de você mesmo. Note que há dois universos incomensuráveis.

Lá fora, encontramos a variedade das formas, das cores, dos sons. Ocorrem fenômenos que percebemos e fenômenos de que não temos a mínima percepção, ainda que estejamos munidos de poderosos e delicados instrumentos laboratoriais. E, por falar em instrumental científico, quantos aparelhos, ao serem apresentados ao mundo, sofreram sérias restrições da parte de gente ilustre, aparelhos esses que, hoje em dia, já fazem parte do nosso cotidiano? Por exemplo: em 1943, Thomas Watson, presidente da IBM, assim se expressava com desdém: "— Acho que existe no mundo mercado para, no máximo, uns cinco computadores". Nos anos 20, sócios de uma firma conceituada se insurgiam contra o rádio, caixa musical sem fio e sem valor comercial, dizendo, descrentes: "— Quem pagaria por uma mensagem enviada a ninguém em particular?". Não me será necessário falar da importância do rádio, precursor da televisão. Nem do emprego cada dia mais crescente dos aparelhos eletrônicos da Informática e da Computação. Volto, então, à frase de Einstein e vejo, com você, o mundo exterior.

Vejo o labor dos operários e dos intelectuais, a faina dos médicos e das enfermeiras, o suor dos pescadores e dos lojistas, o desempenho dos artistas e a vigilância dos policiais, as responsabilidades dos chefes e as canseiras das donas de casa. E todos, cada qual em seu *métier*, estão concorrendo para a minha e a sua existências físicas no contexto social. Isso sem pensarmos na fotossíntese executada pelas árvores e sobretudo pelas algas marinhas, que enriquecem o ar de oxigênio para a nossa respiração. Sem pensarmos na semente que se deixa sufocar no solo úmido para transformar-se em vegetal superior coberto de frutos que nos sossegam o estômago... Sem pensarmos nas gotas da chuva que alimentam os rios, cujas águas garantem a nossa higiene corporal e mitigam a nossa sede diária.

Cada um de nós recebe a contribuição anônima de toda a Humanidade, dando-nos (ou permutando) elementos para a nossa marcha em direção à perfeição. E quantos não se sacrificaram, não chegaram mesmo a dar a própria vida, para que vivêssemos em liberdade, com saúde, no gozo de relativo bem-estar dentro das prerrogativas da vida hodierna?

Cá dentro, não existe a multiplicidade de idéias, de ideais, de diretrizes, de sonhos, de anseios, tudo isso fruto da inspiração ou da sugestão de terceiros? De onde vêm os livros que lemos e que nos rasgam novos horizontes de entendimento da vida, as informações oportunas que nos tranqüilizam a alma, as produções artísticas que nos elevam os pensamentos mais íntimos? Quantos homens e quantas mulheres não deram e ainda não estão dando o melhor deles mesmos para que o nosso mundo interior seja belo e cada vez mais enriquecido em termos de conhecimentos e de sentimentos? Temos uma dívida para com esses irmãos em Humanidade.

À maneira de Einstein (a um tempo cientista e filósofo), busquemos tanto quanto possível dar aos outros, na mesma medida em que recebemos, essas incontáveis e inestimáveis bênçãos que nos permitem viver na incessante busca do aprimoramento individual.

Numa palavra, cultivemos a solidariedade, laço social que se estende ao passado e ao porvir, graças ao qual as individualidades se reúnem e se reunirão para subirem, juntas, a escala do progresso, auxiliando-se mutuamente, na conquista de tesouros que não sofrem a ação do tempo, nem a cobiça dos ladrões, tampouco a ação nociva das traças ou dos cupins.

ESPERANÇA SEMPRE

Muitos lhe cantam louvores,
Outros lhe atiram apodos,
E o sol, sem ter rancores,
Mansamente beija a todos!

Quem tem fé não se intimida,
Para a frente toca o barco!
Não se mancha corrompida
A flor de lótus no charco!

Muita vez é dolorosa
A vida em nossos caminhos.
Mas, lute! Não vê que a rosa
Desabrocha em meio a espinhos?

As dores da desventura,
Se em Deus crê — pode vencê-las!
Quando a noite é mais escura,
Vemos brilhar mais estrelas!

Deus é Pai e nos sustenta,
Mas não nos leva no colo...
A minhoca se alimenta
Arejando o próprio solo!

NESTES DIAS AGITADOS

Não estaria dizendo nenhuma novidade, se dissesse aqui que estamos vivendo dias agitados... Quem de nós não enfrenta problemas às vezes de difícil resolução? Problemas de saúde, problemas no emprego, problemas no lar, com parentes, com vizinhos, com amigos... Problemas de ordem financeira, de natureza sentimental, de implicações existenciais... E, se formos analisar a problemática com ânimo desarmado, não raro somos nós mesmos que estamos criando problemas para nós e para os que nos cercam. E os criamos com o nosso egoísmo, com o nosso orgulho, com a nossa vaidade, com a nossa obstinação em não sermos mais humildes, mais fraternos, mais calmos em nosso viver atribulado...
O grande caso é que a vida se tem mostrado árdua para muitos de nós. E eu me incluo na legião de criaturas às voltas com as dificuldades redentoras... Até mesmo aquelas criaturas que nos parecem felizes (simplesmente porque envergam vestes caras e luxuosas), que estão dentro de carros bonitos e confortáveis, que

moram em casas de mármore e vidro da última moda, ou que estão temporariamente investidas de algum poder militar, político ou econômico, sentem-se atormentadas, desassossegadas, aflitas, tanto quanto aqueloutras que lutam com sacrifício pela obtenção do pão de cada dia! Os analistas, os psicólogos, os psiquiatras não me deixam mentir. Aliás, explicam-se, assim, as fugas para as drogas, para o álcool (que não deixa de ser uma droga socialmente aceitável), para o sexo descontrolado, para os atos de violência verbal e física, para a tragédia do suicídio!...

Pois muito bem, mesmo em dias agitados eis que temos de levar, na medida das nossas possibilidades, uma palavra de conforto, uma frase de esperança, uma pequena mensagem de otimismo aos outros.

Embora a vida se nos apresente árdua, a grande verdade é que tudo tem sua razão de ser, uma causa justa e necessária, que nem sempre conseguimos entender no momento atual. Estamos, se sorrimos ou se choramos, colhendo os frutos saborosos ou amargos de uma semeadura anterior.

Em momento nenhum estamos órfãos do Amor de Deus. Jamais estamos desamparados de Sua assistência providencial. O rumo de nossa vida na Terra depende do comportamento de cada um. Uma legião de amigos invisíveis, de companheiros abnegados renova incessantemente, desde que abramos o coração à sua ajuda, as forças necessárias para que possamos enfrentar empecilhos e sair vencedores em todas as batalhas. Todas essas entidades benfazejas, além dos amigos que conosco convivem à face do planeta, estão vivamente interessadas em nossa vitória espiritual e moral.

Para que possamos fazer jus a essa cobertura amorosa, torna-se necessária a nossa colaboração. Sem o nosso concurso, não haveria mérito em nosso progresso. Ademais, tenhamos fé em Deus. Nada de desânimo nem de revolta. Sigamos a recomendação do poeta Gilbran Khalil Gibran, que disse que, se rezamos em nossas aflições e necessidades, possamos também orar na plenitude da nossa alegria e nos dias de abundância.

Ora, essa abundância poderá ser realidade desde que trabalhemos para tal. Em nosso íntimo mais profundo existe uma voz que nos dirá, caso abramos os ouvidos para acatá-la, esta exortação:

"— Estou num momento decisivo da minha vida. Os anos fogem sem que eu consiga deter a sua marcha inexorável. Não faço sequer a metade do que poderia e deveria realizar. Não gostaria de permanecer nesta mediocridade até chegar à extrema velhice ou a uma doença degenerescente; não hei de perder um só minuto nem desperdiçar um único centavo, pois já malbaratei um tempo precioso com o qual poderia, sem mania de perfeição nem de grandeza, ter produzido boas obras. Minha mente e corpo têm de obedecer a esta voz que ordena, lá do fundo do meu ser, que todas as minhas faculdades estejam ao meu inteiro dispor, a fim de que eu possa guiar com segurança e sem afoiteza a minha vida, no caminho que Deus me determinou. Que eu seja feliz, traga a consciência tranqüila e confie no dia de amanhã, cultivando o trabalho honesto, o estudo diligente e o lazer revitalizante, tendo pensamento, palavra e ação voltados sempre para o Bem...".

Mantenhamos o pensamento em coisas positivas e nas causas em prol do bem comum. Coloquemos esperança no coração sofrido e mais trabalho em nossas mãos, às vezes ociosas. Consideremos o exemplo fornecido gratuitamente pela crisálida: depois de encarcerar-se em seu casulo, não perde seu tempo precioso na ociosidade. Não. Emprega-o, em segredo, mas com diligência, na elaboração das asas com as quais, na forma de linda borboleta, ganhará a liberdade da amplidão e será recompensada, para voejar por entre as flores de um bosque primaveril.

Deixemos que desabroche em nossos lábios o sorriso, ainda que seja um sorriso triste. Já será alguma coisa. E alguma coisa vale mais do que coisa alguma.

Cultivemos pensamentos de entusiasmo e avanço. Alimentemos ideais superiores. Leiamos obras que nos despertem emoções sadias. Conversemos com pessoas otimistas. Cumpramos com alegria as nossas obrigações cotidianas. Oremos por aqueles que nos hostilizam e perseguem. Emitamos vibrações fraternas em benefício daqueles que não nos são simpáticos ou que nos sejam hostis. Não ofereçamos guarida aos ressentimentos. Façamos o melhor de nós mesmos em tudo o quanto estejamos a realizar, mesmo que a tarefa seja apagada, desconhecida da maioria. O presente é o resultado do passado. Assim, se desejamos que o futuro seja melhor, cuidemos de semear as sementes da alegria, da esperança, da paz, do bem ao semelhante, por amor ao próprio bem. Embora possa não parecer, essa certeza nos trará novas forças e provocará resultados positivos surpreendentes, que nos ajudarão a enfrentar as dificuldades do presente.

O MUNDO ESTÁ PODRE!

Essas palavras agressivas eu as ouvi nos anos 70, dos lábios de um amigo, quando comentávamos algo sobre a conduta irreverente de muitos jovens inconformados diante da Guerra do Vietnã. Trocávamos idéias sobre o relaxamento dos laços de família com a prática do amor livre e com as facilidades decorrentes do largo uso das pílulas anticoncepcionais. Analisávamos as desigualdades sociais, que vitimavam imensas legiões de criaturas nos países pobres, constituintes do Terceiro Mundo.

"— O mundo está podre! Está perdido!"

Tentei fazê-lo ver que laborava em engano, que estava equivocado. Mas, ele insistia, dizendo que a perversidade do homem era intensa e dando a concluir que, ao invés de progredir, estava simplesmente recuando, pelo menos do ponto de vista moral.

Hoje, passados vinte e cinco anos desde aquele diálogo, não sei que opinião ele tem, porque de há muito não mais o vi, nem sei por onde anda. Entretanto, continuo admitindo serenamente que

41

ele estava enganado, laborava em equívoco. A pouco e pouco, inclusive no terreno da moralidade, o homem progride, sim! Às vezes, é como que necessário o excesso do mal para que o ser humano compreenda a necessidade do bem e das reformas. Assim é que se corrigem os abusos. Todavia, não podemos analisar o assunto por um ângulo isolado. Temos que levar em conta o conjunto. Sem dúvida, as guerras são provas cabais de que o ser humano é ainda muito embrutecido, animalizado até. A miséria em que está mergulhada enorme quantidade de criaturas atesta o egoísmo de muitos que poderiam reverter harmoniosamente esse quadro social. A parcela da juventude que se entrega aos prazeres de Cápua evidencia a falência do sistema educacional e a ineficiência das pregações morais das gerações precedentes, que não lhe orientaram os passos nem responderam às suas indagações sobre os objetivos da vida à face da Terra.

Além disso, os meios de comunicação, salvo honrosas e escassas exceções, não aludem aos aspectos positivos da atividade humana. É um general ordenar o ataque, arrasando uma cidade e assim defendendo seus interesses econômicos, para logo sua figura aparecer estampada nas manchetes de jornais e de revistas, e passar a ser apresentada na telinha mágica da televisão colorida, numa transmissão via satélite. O mesmo destaque, no entanto, não é dado a um médico que, durante horas a fio, num centro cirúrgico, luta titanicamente contra as garras da morte, salvando uma vida!

Só porque a moça é graciosa de corpo torna-se *miss* famosa no mundo inteiro. Já aqueloutra, que se esforça numa fábrica para colaborar com a mãe viúva no sustento de irmãos menores, é fadada a viver no mais completo anonimato para sempre.

Pois bem, embora ninguém aplauda aquele cirurgião nem dê uma palavra de estímulo a essa operária, eles existem e atuam no Bem. A Humanidade está cheia dessas criaturas que agem assim – e ninguém sabe delas, ninguém as conhece! Nem tudo é orgulho e vaidade. Nem todos se deixam levar pelo jogo dos interesses espúrios. Há muita gente sem desânimo dando um pouco de si para o engrandecimento da Humanidade.

Vejamos se não é assim: há professores primários mal

remunerados que não se cansam de alfabetizar a petizada e orientar os jovens no caminho do dever. Há trabalhadores braçais que levantam sempre antes de o sol nascer e desempenham com afinco os seus compromissos na agricultura, na pecuária, no comércio, nas fábricas, nos portos, em ambientes insalubres, em atividades de alto risco. Há líderes religiosos que espalham consolação e há criaturas que, mesmo sem se filiarem a esta ou àquela religião, sabem ter uma palavra de consolo para os desalentados da lide humana. Quem não conhece pais e mães que se esquecem deles próprios para a garantia da educação e do bem-estar da prole? E quem não sabe da existência de filhos extremosos que cobrem de carinho os velhos pais e avós? E mais: quem ignora a existência de pessoas e instituições voltadas para os órfãos e para os anciãos? Não... o mundo não está podre, como explodiu o meu amigo mal-humorado. É claro que não vivemos num mar de rosas. Mas, nem tudo está perdido, conforme ele dizia naqueles anos 70 do século XX.

Se ainda existe o mal em nosso ambiente terrestre é exatamente esse mal que nos levará a fazer um melhor juízo das coisas e, então, valorizar o bem, para o nosso próprio bem.

Só se dá valor à saúde quando se está doente. De igual maneira, a Humanidade somente depois de cansada de sofrer as conseqüências de seus desvarios é que irá voltar-se para a fraternidade, acabando com as guerras e o pauperismo, acabando com os preconceitos e a tirania.

Quanto a nós, em particular, sinceramente haveremos de concordar com Confúcio e seguir sua sugestão: "De nada vale xingar a escuridão; mais ajuizado é acender um fósforo...".

Lembraria ao leitor algumas frases do pensador Marden, no seu livro *O Poder da Vontade*, no trecho onde, entre outras coisas, ele declara assim:

"Se há alguma coisa capaz de estimular energicamente os nossos esforços é precisamente a possibilidade que temos de cumprir a lei de evolução e de aperfeiçoamento individual. Não sabemos o que nos poderá acontecer no decorrer da vida, mas não ignoremos que, apenas a nossa razão começa a manifestar-se, se nos deparam freqüentes ocasiões de proceder de harmonia com os preceitos da verdade, com as sugestões da beleza, com os idealismos de todo o Bem.

"Viemos a este mundo – prossegue Marden – para cumprir a nossa missão, visto havermos recebido os instrumentos necessários para desenvolver as nossas energias e realizar a obra que nos foi imposta.

"Cada um de nós foi encarregado de desempenhar um papel no maravilhoso drama da vida, um papel que ninguém mais pode desempenhar e que contribuirá para o êxito ou insucesso do conjunto, conforme nos saiamos bem ou mal no seu desempenho".

Completo essa transcrição do pensador Marden com estas frases de sua pena cintilante:

"Todos nós podemos desempenhar papel nobilitante, e seremos julgados pela maneira como o desempenharmos. Do seu desempenho dependerá o nosso futuro. Quando terminar a representação do grandioso drama, alguém perguntará aos atores: que obras produzistes em todas as ocasiões que se vos depararam na vida? Que herança deixais à posteridade? Que utilidade tirou o mundo dos vossos trabalhos? Em que aplicastes as aptidões com que fostes dotados? Deixastes-as inativas ou as aproveitastes para fins interesseiros?".

Amigos, se o mundo ainda não é aquilo que desejamos, façamos algo para que ele assim o seja no mais breve espaço de tempo... Acendamos um fósforo. Não para espalhar um incêndio, mas para fazer uma luzinha, que, mesmo modesta, há de iluminar as trevas mais profundas e aquecer os corações enregelados, reavivando os sentimentos nobres, inerentes a cada ser humano.

PREVISÃO TEMERÁRIA

Rabindranath Tagore, festejado poeta indiano, Prêmio Nobel de Literatura, dizia que cada criança que nasce é a prova de que Deus ainda acredita na Humanidade.

Concordo com ele. Afinal de contas, é a partir da educação da criança que se pode pensar em construir uma Humanidade mais feliz. Tanto é assim, que o escritor humorístico alemão Jean Paul Richter nos legou estas frases:

"A época mais importante da vida é a infância, quando a criança começa a modelar-se por aqueles em cuja companhia vive. Todos os mestres que se seguem ao primeiro exercem menos influência do que este, e, se considerarmos a vida como uma instituição de educação, um circunavegador do mundo será menos influído pelos países que percorrer do que por sua ama".

Entre os meus inúmeros amigos de magistério, existe um professor de Português que é também Juiz de Direito. Em conversa comigo, por volta de 1974, soube que um amigo dele, igualmente Juiz de Direito, assim se expressava a seus pares do Judiciário:

45

"— Quando vejo uma gestante na rua, penso imediatamente: mais um marginal para ser julgado, mais um delinqüente para dar trabalho a mim e à polícia".

Quer dizer, cada criança que nascia (ou ainda iria nascer) era a prova de que esse meritíssimo juiz não mais acreditava na Humanidade. Ele ficava prematuramente a suspeitar dos novos serezinhos, fixando-se apenas nas ocorrências policiais. Não concordo com o modo de pensar desse magistrado, em que pese ao respeito que ele me merece. Não posso de modo nenhum aceitar esse julgamento apriorístico das criaturas. Com que direito, com que autoridade, a gente fará um ajuizamento sobre o que virá a ser um indivíduo que ainda está no ventre materno, sem que isso seja uma previsão temerária, falha, caolha? Essa postura é de extremo pessimismo, e eu, que sou totalmente insciente na ciência do Direito, não admito isso, não!

Você poderá medir alguém pela quantidade, jamais pela qualidade... Podemos atribuir dados quantitativos a uma pessoa, como tantos centímetros de altura, tantos anos de idade, tantos quilogramas de massa (ou peso corporal), coisas assim. Todavia, há outros valores do indivíduo, existem outros atributos da personalidade que não podem ser medidos. São indefiníveis, imensuráveis.

A Psicologia Educacional, num passado não muito distante, costumava medir a inteligência dos alunos; hoje isso já é olhado com reservas, porque há crianças com bom desempenho em Matemática que não se saem tão bem em línguas estrangeiras. Outras conseguem aprender com extrema facilidade a Geometria, mas não entendem as aulas de História. Assim, como mensurar a sua inteligência? Está provado que há outros fatores que influem sobre o processo ensino/ aprendizado além da inteligência, como os interesses, a perseverança, a motivação, o estado nutricional, as condições ambientais junto à família, o método de ensino oferecido pela escola ou pelo professor e o valor que a família dá à escola. Por isso tudo é que, às vezes, uma criança de um lar humilde tem desempenho mais satisfatório do que outra procedente de família abastada.

Às vezes, Mariazinha é exímia pianista, mas não sabe lavar louças. Já sua irmã, Joana, é excelente auxiliar da mãe, nas tarefas domésticas, e sequer sabe diferenciar um sustenido de um bemol.

Nem tem ouvido capaz de distinguir o *dó* do *lá*. Entende de detergentes, porém não entende nada das notas grafadas no pentagrama. Seria justo, então, a gente dizer que Mariazinha é mais inteligente do que sua irmã Joana? Não teria esta uma inteligência eminentemente prática e a outra uma inteligência artística? Demais, no contexto social, tanto é importante aquela jovem que nos extasia quando dedilha ao piano o famoso adágio da *Sonata ao Luar*, de Beethoven, como é importante também aquela moça que sabe temperar um peixe frito com os condimentos apropriados, num almoço em família nas férias de verão.

Aliás, o equilíbrio social depende da existência de diferentes aptidões, de sorte que é tão nobre o trabalho de um neurocirurgião como o de um coveiro, de um general como o de um feirante, de um aviador como o de um bombeiro-hidráulico. Num relógio cada peça tem uma função: os ponteiros, a corda, os parafusos, as engrenagens todas. Na orquestra não vejo mais valor nos instrumentos de corda do que nos de sopro ou nos de percussão.

Por outro lado, a pessoa humana é imprevisível. Poderá surpreender-nos num ou noutro sentido. O homem é dotado de livre-arbítrio, tem capacidade de escolha, tem discernimento para fazer opções, daí o perigo de nossas previsões apressadas.

Tanto é assim, que Carlyle dizia: "O homem menos enérgico, se concentrar todas as sua forças num único trabalho, conseguirá fazer alguma coisa, ao passo que o homem forte não será capaz de chegar ao fim de uma obra, se dispersar as forças que possui".

Não padece dúvida que o meio exerce uma profunda influência na conduta do indivíduo, cabendo aos educadores (pais, professores, líderes religiosos, profissionais da mídia, dirigentes políticos, ídolos desportivos) a tarefa de colaborar na formação da personalidade das crianças e dos adolescentes.

Entretanto, ainda assim fico com a frase de Tagore, que afirmava que, ao nascer, a criança reafirma a crença que Deus deposita na Humanidade.

A UNIÃO FAZ A FORÇA

Sem ser pessimista, a gente sabe que está a Humanidade atravessando dias difíceis. Dificuldades econômicas, financeiras, políticas, sociais, até mesmo domésticas e familiares. Não é preciso ver isso na televisão ou nos jornais. Basta que se olhe em derredor e se converse com amigos que não são também de temperamento eternamente queixoso ou insatisfeito. Sente-se, mais ou menos, a extensão da crise em que o mundo inteiro está mergulhado. Até parece que todo o mundo tem queixa de todo o mundo. Aliás, se não estou enganado, o pensador francês Jean Paul Sartre dizia, não sei se com estas palavras, que o inferno é o outro, definindo, assim, as dificuldades do relacionamento humano.

Embora saiba haver dificuldades, penso diferentemente desse filósofo do século XX. Quem está em paz consigo mesmo de modo nenhum inferniza a vida alheia, rouba a paz, o sossego e a tranqüilidade do semelhante. Ao contrário, na medida do possível, ajuda o próximo a solucionar os seus problemas, sem lhe invadir a privacidade. Exemplo expressivo, dentre muitos, encontramos na vida e na obra de Albert Schweitzer, que, mesmo sendo exímio pianista e profundo conhecedor das epístolas do apóstolo S. Paulo e da música de Bach (o que o fez ser aplaudido na Europa), deixou tudo para trás e foi, durante anos a fio, cuidar de doentes famintos na selva africana, formando-se em Medicina com mais de 30 anos de idade!

Pois bem, diante das dificuldades da vida moderna, instala-se o desânimo, a desesperança e a revolta, em muitos corações, o que leva alguns até os atos violentos. Tanto como muitos outros enganosamente tentam fugir dessa realidade através dos tóxicos, dos abusos sexuais, do fanatismo religioso.

Nesta hora grave por que todos estamos passando, mais do que nunca vale a frase que escolhi para título deste capítulo, num livro onde procuro incutir um pouco de otimismo no coração do leitor. Sim, a frase é muito antiga, constituindo ditado popular que corre o mundo inteiro há séculos... Por isso mesmo, faço questão de repeti-la no limiar de um novo milênio: "A união faz a força!". A união de todos existe para o bem de todos! União na base da fraternidade que não vê diferenças, mas que ressalta e incentiva e estimula os pontos de vista mais comuns das pessoas, para que todos se beneficiem, e haja menos fome, menos doenças, menos desconforto, menos desarmonia no seio da enorme família humana, como preconiza a famosa Declaração Universal dos Direitos do Homem, proclamada solenemente pela Organização das Nações Unidas após a II Guerra Mundial.

É bem verdade que cada criatura humana é um universo em suas opiniões, em seus estilos de vida, em suas concepções religiosas, em suas tradições histórico-sociais. Cada qual encara e leva a vida a seu jeito e modo. É um direito que até Deus respeita, não cabendo a ninguém, de modo nenhum, cerceá-lo, pressioná-lo, suprimi-lo. Não seremos nós quem irá violar esse direito, desde que ele não atinja terceiros. Jamais há de passar pela nossa cabeça querer que todos pensem ou ajam como nós pensamos ou agimos. Seria infantilidade, ou, então, prepotência!

No entanto, a despeito de todos esses fatores que nos diferenciam uns dos outros, entendo que a hora não é (de modo nenhum) de divisão, porém de congraçamento. Que homens, mulheres, idosos e crianças aproximem-se não apenas da boca para fora, mas efetivamente, no plano da realidade mais objetiva.

Quem sabe um pouco mais ou possui algo além do que é necessário tem a obrigação moral e social de repartir com quem sabe ou tem menos e procura atingir uma situação melhor...Quem tem mais deve ajudar aquele que precisa, fazendo isso sem ostentação e sem o desejo secreto de, mais tarde, auferir vantagens...

Aquele que mais conhece deve levar seu conhecimento ao companheiro de jornada terrena, isso inclusive entre as nações, no terreno da tecnologia... Aquele que disponha de maiores recursos deve socorrer o que carece de meios para garantir a sua própria sobrevivência ou a subsistência de sua família.

Não entendo por que razão na Suécia o índice de analfabetismo é de 0%, na França e no Japão é de apenas 1%, e no Brasil chega a 21%, na Índia a 59%, no Senegal a 61% (dados dos anos 90 do século XX!). A mim me parece ironia dizer que vivemos numa humanidade cristã, diante de tanto orgulho, de tanto egoísmo, de tanta prepotência, de tanta falta de união...

E, não raro, essa desunião nasce dentro do próprio lar, no seio da mesma família. Porque A não quer ceder, B não quer entender, C não quer perdoar e D se nega a colaborar, para a harmonia no microcosmo doméstico.

"A união faz a força!" — eis o único caminho para que se instale, na Terra, um pouco mais de felicidade e de entendimento. Eis a única saída que se nos apresenta nesta encruzilhada difícil em que (sem pessimismo algum) nos encontramos. Nem se diga seja isso pregação religiosa. Não! É uma imposição da própria vida, independentemente de credos ou de seitas. Afinal de contas, todos somos basicamente iguais e como irmãos devemos viver!

BATE-PAPO AMIGO

Você que me lê: de experiência própria bem sei que momentos existem em nossa vida em que sentimos como que um cansaço íntimo, uma profunda lassidão interior. É o cupim do desânimo querendo instalar-se em nosso coração, diante das dificuldades naturais da vida humana.

Sei perfeitamente o quanto isso nos magoa a alma, porque já atravessei (torno a repetir) longas noites de lua nova. Foram noites negras, de temporal atemorizador. É então possível que você esteja enfrentando um momento assim, ou até bem mais grave.

Não venho aconselhá-lo a cruzar os braços e cair na apatia. Não! Nada disso! Nada de desânimo! Nada de revolta! Nada de inconformação! Tudo tem a sua profunda e necessária razão de ser, embora, quase sempre, essa razão nos escape, não a encontremos no momento pretendido.

É urgente que jamais se perca a esperança e a serenidade. Dizia com sabedoria Ella Weeler Wilcox: "Tu és o arquiteto do teu próprio

51

destino. Trabalha, espera e ousa!'".

Assim sendo, lutemos por vencer com segurança a erva-daninha chamada desânimo, que faz tudo para aninhar-se insidiosamente em nossos corações!

Volto a transcrever algumas ponderações oportunas de Marden, quando registrou estas palavras atuais:

"Uns pedaços de madeira, uns ramos de árvores, algumas plantas a flutuarem à superfície do desconhecido Atlântico foram os primeiros vestígios que iluminaram o ânimo sombrio de Colombo, dando-lhe uma risonha esperança de que já havia terra perto do mar. Pois também em nossa vida há vestígios, à primeira vista insignificantes, que nos indicam a possibilidade de descobrir continentes de energia mental nos recônditos do nosso ser".

E prossegue dizendo esse pensador mais o seguinte:

"Quando sentimos uma ânsia enorme de conquistar uma vida melhor e mais sublime, de aumentar o nosso valor individual, de sermos homens de excelentes qualidades e elevados sentimentos (...) — é porque nos é possível realizar a nossa aspiração, de contrário, não sentiríamos erguer-se dentro de nós a voz da consciência a clamar pela satisfação desse desejo".

Concluo essa transcrição com este trecho igualmente expressivo:

"Por outro lado, se nos mostrarmos indolentes e preguiçosos, sentindo uma profunda apatia por tudo o que nos rodeia, se o trabalho é para nós um martírio e a vida nos parece ser o maior fardo legado ao homem; se não sentimos um prazer inefável em amar, em viver, em trabalhar e em seguir pelo caminho da Perfeição sem o menor desfalecimento, então não seremos capazes de fazer coisa superior ao que tivermos feito".

Poderia terminar eu aqui este bate-papo como você; no entanto, permito-me alongar-me nesta arenga. Deus sabe de todas as nossas angústias e nos trará sempre forças para que possamos superá-las, vencê-las sem queixumes nem recriminações.

Se um grão de feijão aparece no caminho de uma formiga, para ela aquilo é um monte, talvez difícil de ser escalado. Mas, esse mesmo grão de feijão nada será no caminho de um elefante. Ele nem o perceberá. Sejamos elefantes na força e nunca formigas na intimidação ante as dificuldades.

Prossigamos no propósito do Bem, do Amor, da Paz, ainda que isso nos custe lágrimas ardentes e soluços amargos. Estendamos o olhar rapidamente em derredor e, na medida do possível, socorramos os que estão em situações mais críticas e que não reclamam, não se revoltam. Há pessoas que, não tendo ambos os braços, desenham quadros maravilhosos mediante o movimento dos pincéis e a mistura admirável das tintas sobre a tela, usando os lábios! Você sabia disso? Talvez não ignore que Beethoven, mesmo sofrendo de surdez, tenha-nos legado páginas belíssimas de arte musical. Que dizer de Braille, cego que morreu tuberculoso, mas legou uma escrita própria para os privados da visão? Que comentar sobre Helen Keller, menina surda, muda, cega, que, com a cooperação de Ann Sulliver, escreveu livros e proferiu palestras, depois de percorrer o mundo?

É bem verdade que, de um modo geral, sempre consideramos a nossa dor como sendo a maior do mundo. Contudo, há quadros piores, e as pessoas que se vêem em grandes dificuldades às vezes nos dão lições admiráveis de luta, de fibra. Fazem uma limonada do limão que a vida lhes estende.

Se você ora a Deus, a Jesus, a seu anjo da guarda, a seu santo protetor, a seu orixá (pouco importa o nome que se dê a esta proteção espiritual, que existe mesmo!), no momento em que orar por você, lembre-se também dos que estão no hospitais, nos presídios, nas favelas, debaixo das pontes e viadutos. E não se esqueça dos que sofrem de igual maneira nos leitos macios, dentro de mansões suntuosas, ou que ocupam lugar de destaque na política, na sociedade endinheirada, na beleza física, na cultura universitária, sem que ninguém tome conhecimento de suas angústias mais secretas.

Envolva em suas preces os que morreram pelo suicídio, nos acidentes, nos entreveros com a polícia no submundo dos tóxicos, nas guerras...

Diga um bom-dia alegre ao seu vizinho, ainda que seu coração não esteja vivendo um dia lá muito bom. Faça um afago na cabeça de um cão manso (já que o brabo poderá querer testar seus dentes em sua canela!). Dirija uma palavra de atenção ao lojista que atende no balcão comercial. Auxilie um cego a atravessar uma rua coalhada de automóveis, caminhões e ônibus, sem chamá-lo de "ceguinho".

Suporte sem rancor um possível parente que gosta de alfinetá-lo, sem que você tenha reduzida, é claro, a sua auto-estima.

Repito: depositemos em Deus a nossa fé, porque sem Ele sequer existiríamos! Como dizia, com carrancas de razão, Fabre, ilustre entomologista francês, alguns filósofos querem dar uma explicação do mundo, prescindindo da alma e de Deus, o que equivale a querer explicar a cor suprimindo a vista e a luz.

Não é, acredito, o seu caso. A seu jeito e modo, você aceita a existência, a Bondade, a Justiça de Deus. Pois se assim é, NELE deposite a sua fé. Todavia, não basta apenas crer e pedir. É necessário agir. Caso tenha forças físicas suficientes (e eu estimo que você as tenha em expressivo vigor), trabalhe, fazendo algo para espairecer as idéias negativas. Leia um bom livro. Ouça uma bela música. Faça um passeio. Converse com um amigo em quem confie. Cuide de um jardim. Vá a um cinema. Veja um bom programa de tevê. Enfim, saia de você mesmo, não deixando de modo nenhum se instale em seu coração o fantasma da inconformação ou do desalento.

Em agindo assim, sem dúvida alguma estará você plantando a semente boa da linda rosa, do perfumado jasmim, da mimosa tulipa, enfim, daquela flor preferida por você, a qual enfeitará o seu viver.

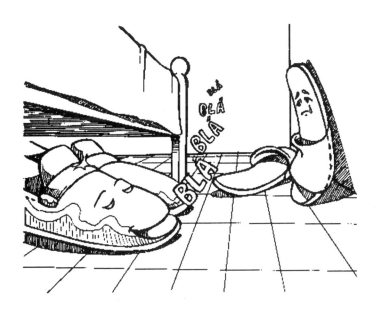

CHINELOS VELHOS

(apólogo)

Debaixo de uma cama se encontraram um par de sapatos de valioso couro marrom e um par de chinelos de qualidade medíocre. Pertenciam aqueles calçados a influente deputado que ali os deixara, por displicência, naquela manhã, enquanto se preparava para os quefazeres políticos do seu novo dia.

Olhando para os chinelos, o par de sapatos declarou altivo:

— Arreda-te daqui, bicho feio!... Não percebes que tua forma sem graça como que obscurece o meu valor? Afinal, quem és tu, que tens cor indefinida, saltos gastos, um aspecto roto, deplorável, mesquinho? Enquanto tu te arrastas apenas no estreito reduto doméstico deste apartamento suburbano, onde reside o nosso dono, eu, com ele, vou bem longe daqui e por ali. Não me desgrudo dos seus pés quando ele entra no carro oficial e vai para a Assembléia Legislativa. Piso o estrado da tribuna quando nosso amo profere discursos inflamados. Se ele vai ao gabinete ministerial ou a uma audiência no Palácio do Governador; se comparece a um banquete com empresários ou, ainda, se se desloca de avião até outras cidades, é com ele que sempre sigo, triunfante, alegre, enquanto tu, ignorado, ficas aí, entregue à poeira, sem sair deste quarto escuro.

Estava o par de lindos sapatos a menosprezar os chinelos humildes, quando o parlamentar adentrou o dormitório, acabando de se aprontar para as suas tarefas diárias importantes na política nacional.

O político estava quase pronto, envergando o seu melhor terno de casimira, exibindo a mais vistosa gravata grená sobre a camisa macia de pura seda. Tendo-se sentado ao pé da cama, tomou de um par de meias perfumadas; segurando pelos cadarços o par de sapatos marrons, calçou-os e saiu porta afora.

O pobre par de chinelos nem havia saído do profundo choque emocional que tivera, diante da prepotência do par de sapatos, quando percebeu que o deputado se despedia da família, seguindo para a capital. Sozinho, remoendo tristeza, pensou jururu:

— Puxa! Será que sou tão ridículo assim? Afinal, que mal eu fiz ao meu companheiro para receber tão afrontosa desconsideração? Sei que já estou velho, mas também tenho direito a viver, também me considero um filho de Deus, ora bolas!

E passou o dia inteiro em profundo abatimento. A noite chegou e o encontrou ainda pesaroso e magoado.

O relógio da sala deu vinte e três longas badaladas, quando alguém entrou no quarto e acendeu uma luz. Era o deputado que regressava ao lar. Tira o terno e o coloca, de qualquer jeito, sobre uma cadeira próxima. Afrouxa a gravata, as abotoaduras dos punhos, desabotoa a camisa de seda e se senta à cama. Procurando com cuidado pelos chinelos, ao tirar os sapatos marrons, suspira, aliviado:

— Louvado seja Deus! Que gostoso poder tirar meus pés desses malditos sapatos! Como tenho calos a arder! Parecem mais brasas vivas, santo Pai do céu! Que delícia poder acomodar os meus artelhos no meu macio chinelo velho! Ah, como isso me dá um enorme prazer!... Quem me dera eu pudesse ir com ele para a Assembléia!...

E, para maior decepção dos sapatos valiosos, o ilustre parlamentar chamou um serviçal e declarou:

— Homero, amanhã mesmo, antes de eu sair para o Parlamento,

você vai comprar para mim um novo par de sapatos, mais largos, ainda que sejam de marca inferior. Não importa isso. Esses sapatos que estão aí eu não os quero ver na minha frente, quanto mais nos pés. Não os dê a ninguém, porque não quero que ninguém sofra o que sofri.

Espantado, o servo indaga ingenuamente:

— E o que farei com eles, doutor?

Obteve esta resposta lacônica e impositiva:

— Atira-os já à lata do lixo!

Moral da história — Bem dizia Jesus no sermão do monte: "Bem-aventurados os mansos porque eles herdarão a Terra".

A PALAVRA "AMIGO"

Passando de trem, vi que um certo cinema de determinado bairro carioca estava levando ao público um filme com este título expressivo: "Quem tem um amigo encontrou um tesouro".

Nada posso dizer sobre o enredo. Não assisti até hoje à sua exibição; apenas li essa frase no letreiro daquela casa de diversão pública. Todavia, essas palavras encerram uma grande verdade. Conversando com um colega, garantiu-me ele ser frase bíblica. Não sei; não me dei o cuidado de conferir talvez nos Salmos ou nos Provérbios do Velho Testamento, de vez que não são palavras de Jesus, não.

Com efeito, na vida, de um modo geral, temos muitos companheiros, muitos vizinhos, muitos parentes e familiares, muitos colegas, desde os do tempo da escola elementar até os de serviço profissional, na idade adulta. Temos inclusive aqueles que nos seguem na casa religiosa. Entretanto, amigos "mesmo" são poucos! E são poucos porque não sabemos fazê-los, ou, então, não sabemos conservá-los. E não os conservamos porque esquecemos este detalhe: ser amigo é saber amar o outro. Entendê-lo como ele é e não querer que ele seja como nós somos. Ajudá-lo com discrição, se em dificuldade, e não esperar apenas dele receber auxílio, quando estamos em apuros. Estimá-lo sem deixar que a amizade se deteriore pela intimidade exagerada. Poucos de nós sabem evidentemente amar dentro dessa ótica mais ampla. Fazer amizade, às vezes, é até relativamente fácil; mais difícil se torna conservá-la. Relatam os textos evangélicos que Jesus chegou a ter 500 seguidores. Eram inclusive conhecidos como os "Quinhentos da Galiléia"! Um número considerável de adeptos! Mais adiante, os mesmos textos bíblicos se referem a 72 prosélitos. Percebe-se que ocorreu drástica redução no contingente de correligionários, à medida que o Cristo mais e mais amava toda a Humanidade. Seus companheiros mais diretos, os apóstolos, eram apenas doze. Uma dúzia, a sexta parte de 72. Um deles, na ilusão de que o povo se rebelaria e levaria o Mestre à condição de Messias, se o Cristo caísse na mãos dos romanos, vendeu-o por 30 moedas. Um outro negou-o três vezes, antes que o galo cantasse. Dos dez restantes, apenas um é que é citado ao pé da cruz, junto a mulheres piedosas. E ainda há por aí quem diga ser a mulher o sexo frágil!

O grande caso é que, nem por isso, Jesus deixou de amar mais e mais a Humanidade. Do alto de uma cruz que absolutamente não merecia, ei-lo abrindo as portas de seu coração, portas que, aliás, nunca se fecharam, tendo sido largamente abertas, em meio às dores da flagelação, durante a qual o Mestre pede ao Pai perdão para todos os seus algozes! Não poderia haver exemplo mais eloqüente de Amor, Amor sem condições nem limites. Amor genuíno, que não esperava recompensas terrestres ou celestiais. O Nazareno assim fez durante todo o seu viver à face da Terra, embora não fosse entendido nem mesmo entre os seus familiares. Ele é modelo. Nós o seguimos, na medida de nossas forças. Ele é o caminho da verdade, da vida, que é Deus. Nós procuramos encaminhar nossos passos em Sua direção.

É possível que você não tenha amigos em farta quantidade. Até porque, como já cantou um poeta, eles costumam ser como as aves de arribação: se faz bom tempo, eles vêm; se o tempo se mostra tempestuoso, eles se vão! Paciência! Que jamais guardemos ressentimentos porque essa conduta simplesmente acarreta malefícios a quem a adota.

É possível que você se considere num deserto de afeições meigas e carinhosas. Valeria a pena, então, se não sou por demais indiscreto, estudar sem paixão de quem é a culpa: se dos outros, por egoísmo, despeito, ingratidão; se da sua parte, por intolerância ou confusão entre amor e posse. Sim, o amor possessivo é uma praga que deteriora qualquer relação humana. Quem ama não sufoca o objeto do seu amor com o sentimento deletério da possessividade. Em última análise, o que importa mesmo é que você saiba fazer e cultivar amizades. Saiba servir aos seu amigos com simplicidade. Saiba socorrê-los com presteza e amabilidade, dentro do que esteja ao seu alcance. Saiba dar um pouco de você mesmo àquilo quanto esteja fazendo desinteressadamente.

Se estiver agindo assim, pode ficar certo de que estará angariando a simpatia e o reconhecimento de outras pessoas, as quais se sentirão bem em sua presença. E estará – com toda a certeza mesmo – sendo objeto da amorosa proteção de muitos amigos verdadeiros, invisíveis, que o tempo todo estão à sua volta, interessados na sua felicidade e no seu progresso.

AÇÃO E REAÇÃO

A cada ação corresponde uma reação que lhe é igual em intensidade e diametralmente oposta em sentido.
Eis a lei da Física, enunciada pelo cientista Isaac Newton, lei que tem cabimento também no relacionamento humano, no plano de nossas ações e atitudes. Quer dizer, a lei da ação e reação tem validade no mundo físico e no mundo do valores morais.
Experimente, gritando: — Amor! E o eco de pronto responderá: — Amor! Grite, ao contrário: — Ódio! Não me será preciso dizer-lhe qual resposta de imediato será ouvida.
Cada um de nós colhe aquilo que andou semeando ao longo do viver.
Cada qual constrói com as próprias mãos, por suas palavras, pensamentos e atos, o seu destino, a sua alegria ou a sua tristeza.
Isso é matematicamente certo, como dois e dois somam quatro (e não vinte e dois, como sugerem os galhofeiros por aí).
Posso apresentar-lhe um exemplo escolhido à vida real.

Conversava certa ocasião com um colega de ginásio e de colégio. Dizia-me ele que, em 1959, quando estávamos no 2º ano científico (que mais ou menos hoje em dia corresponde ao 2º ano do 2º grau), soube da existência de uma instituição religiosa de amparo à infância desvalida, num bairro pobre da cidade do Rio de Janeiro, ainda Capital da República. No desejo sincero de auxiliar crianças, ele, que pouco tinha de si mesmo, em abril daquele ano levou-lhes um livro de histórias que havia ganho muitos anos antes, em sua saudosa meninice. Guardava esse livro com muito carinho, não só porque o mesmo contivesse uma bela narrativa sobre animais que falavam, num bosque encantado, mas também e, principalmente, por ter sido a obra recebida como presente de Natal, por parte de um familiar muito querido, que já não mais vivia.

Desfez-se do livro um tanto triste, mas satisfeito, porque estava, certamente, levando algum entretenimento às crianças órfãs de pai e mãe.

Deu o livro ao abrigo de menores e esqueceu-se da doação.

Aquele me foi o mais vitorioso ano de estudante, dizia-me ele com um sorriso nostálgico na face.

Ele obtivera as maiores notas em todas as disciplinas, logrando grau 10 até o fim do segundo semestre em Química Orgânica e em Trigonometria, assuntos que infundiam terror em toda a classe de 60 alunos (até mais inteligentes do que ele, que ingressaram na Universidade pouco depois de terminado o curso colegial).

Em conversa comigo admitia ele que aquela láurea, o 1º lugar dentre os colegas em 1959, decorrera mais de seu gesto de doação do livro infantil do que propriamente de seus esforços junto aos cadernos para entender as cadeias de carbono ou as linhas do seno, do co-seno ou da tangente. Levando a uma criança carente que ele não conhecia um livro seu, deixava na oferta algo de seu próprio coração! E a vida lhe retribuiu com a alegria das notas altas nas disciplinas curriculares, num total de 13 cadeiras!

Meu amigo, a cada ação corresponde uma reação! Lei de Isaac Newton na Física. Lei de Deus no relacionamento humano!

Ação positiva — reação agradável justamente porque a ação foi bondosa!

62

Ação negativa — reação desagradável porque a ação foi malévola, foi maléfica ao semelhante.

Já dizia o Evangelho de Cristo: a cada um segundo as suas obras... Portanto...

DEFEITOS ALHEIOS

Desde que me entendo por gente, ou melhor dizendo, desde quando a ternura maternal me ensinou a ler, a escrever e a contar (como se dizia então por volta de 1948, estando eu com seis anos de idade), vivo cercado de livros por todos os lados. E esse convívio com as letras tem-me sido altamente favorável à melhor compreensão da vida, a um discernimento mais severo do viver.

Dentre os inúmeros escritores que muito influíram sobre o meu tosco modo de pensar, citaria Malba Tahan. Trata-se do já saudoso professor Júlio César de Mello e Souza. Legou-nos livros saborosos...

O estilo é inconfundível! Mais parece um maometano a escrever as lendas do Oriente, usando até palavras típicas daquelas regiões distantes de nossa pátria brasileira, um islâmico sempre a recordar os ensinos de Jesus, do que um conterrâneo nosso, erudito professor de Matemática, sempre colocando o seu talento, a sua cultura e o seu trabalho em benefício do bem, do esclarecimento da juventude, da melhoria da Humanidade. Forneceu, inegavelmente, uma literatura superior, rica, edificante, com títulos do porte de *O Homem que Calculava, Matemática Recreativa, Lendas do Céu e da Terra*, dentre os que me vêm à memória ao correr da elaboração deste capítulo.

Do mundo desse beletrista, uma narrativa que li quando tinha 10 anos de idade jamais me saiu da memória. Segue aqui o seu relato.

Determinado homem conseguiu permissão para penetrar num santuário islâmico onde estava guardado o Livro da Vida, um livro onde estavam registrados todos os acontecimentos que se dariam na vida de todos os mortais. Junto a esse livro muitíssimo importante havia um giz e um apagador com os quais se poderia escrever alguma coisa, fazer alterações, acréscimos, supressões, passando, então, a vigorar o novo texto corrigido.

Detalhe expressivo deve ser desde já evidenciado: cada criatura teria acesso a esse livro UMA ÚNICA VEZ na vida e, mesmo assim, durante breves minutos! Logo, essa chance de ouro deveria ser aproveitada com o mais zeloso critério.

Ora, aquele homem ficou radiante com a oportunidade que se lhe apresentou. Tomou cuidadosamente o volume em suas mãos e passou a folheá-lo. Passou a buscar aqui e ali as páginas das existências futuras de seus amigos e, principalmente, de seus adversários. E como lesse vitórias, sucessos, êxitos, saúde e felicidades, mordido de inveja e despeito, sem pestanejar, pegou do apagador e do giz e foi redigindo novos eventos, vaticinando para os inimigos derrotas, insucessos, doenças, desalentos, frustrações, enfim, acontecimentos desagradáveis.

E assim ficou fazendo despreocupadamente. Quando, por fim, resolveu folhear o trecho de sua própria vida, eis que o cicerone que o introduzira naquele recinto sagrado bate-lhe delicadamente ao ombro, dizendo que já havia terminado o tempo por que ele poderia ali permanecer. Deveria retirar-se logo.

Quis ficar mais alguns instantes, mas o guia não permitiu, de modo que aquele homem não teve alternativa senão sair do santuário muito contrariado, de vez que sequer ficou sabendo o que a vida lhe estaria reservando no porvir. Perdera a única oportunidade de melhorar até o seu dia de amanhã, tão empenhado estava em saber e modificar o futuro alheio. Podendo auxiliar-se a si mesmo, prejudicou terceiros. E isso o deixou muito aborrecido.

Claro que uma leitura dessa qualidade a gente jamais esquece. É, meu amigo, na vida há muito disso, sim! Não raro, estamos tão empenhados em observar a vida do semelhante, analisando com mórbido cuidado os seus possíveis erros e defeitos, que terminamos perdendo o tempo valiosíssimo que Deus nos concedeu para a nossa própria melhoria e edificação.

Para finalizar, deixo esta máxima de São Francisco de Sales: "Divertir-se alguém com enunciar os defeitos dos outros é prova de que não se preocupa com os seus próprios".

MANTENHAMOS A FÉ

Feliz será somente aquele aflito
Que, por vencer com firme galhardia
A dor que surja, atroz, no dia-a-dia,
Mantém a fé em Deus lá no Infinito!

O viver que levamos é bendito
Aprendizado nobre que nos leva
A avançar sobre a lágrima e a treva
Sem, na rede da mágoa, estar restrito!

Que tu choras, entendo... Também choro,
Pois devo burilar meu coração!
Contudo, no teu próprio bem, te imploro:

— Luta por resolver com decisão
Tantos problemas graves (não ignoro!),
Necessários à tua redenção!...

O LADO BELO DA VIDA

Certo sábio seguia por uma estrada num dia de verão intenso. Numa altura da jornada, eis que se depara com a construção de um enorme prédio. Diversos operários braçais davam o melhor deles mesmos naquela tarefa árdua de cavar o solo, fazer alicerces, erguer paredes, edificar colunas. Todos estavam ocupados em suas respectivas atividades extenuantes, debaixo do calor senegalesco.

O pensador se aproxima de um serviçal e indaga:

— O que é que você está fazendo, meu amigo?

Tendo dado uma cusparada nas mãos, o interpelado esfrega nervosamente uma contra a outra e responde, visivelmente mal humorado:

— Ora, o senhor não está vendo que estou aqui me arrebentando todo, virando a massa do concreto debaixo do sol esturricante?

O filósofo dirige-se a um segundo trabalhador, com a mesma pergunta, obtendo esta resposta do homem com um sorriso algo sereno nos lábios:

— Graças a Deus, meu amigo, estou ganhando honestamente o pão de cada dia de minha família.

Finalizando sua entrevista como se fora um repórter de televisão junto ao público, numa rua movimentada da cidade, o sábio avizinha-se de um terceiro operário com a mesma interpelação. De pronto este abre a face em enorme sorriso de felicidade e exclama com exuberante entusiasmo:

— Ah, meu dileto irmão, estou dando um pouco de mim para a edificação de uma catedral.

Talvez você já conhecesse essa história. Apenas estou a lembrá-la aos que me lêem. Com efeito, não sou tão cego ou ingênuo que não saiba da existência de quantos estão, neste justo momento, chorando e sofrendo dores físicas ou angústias morais. Mas, não comungo da opinião de que o mundo é apenas um vale de lágrimas, não. Não tenho essa concepção pessimista da vida! Nem gostaria de que você a tivesse, porque ela apenas nos torna mais árdua a jornada terrestre. Não insultemos o sol que nos queima as costas, enquanto estejamos virando a massa do concreto na edificação do nosso lar interior. Guardemos a certeza de que estamos construindo uma catedral, em cujo santuário gozaremos, mais cedo ou mais tarde, a paz da consciência tranqüila.

De que há no mundo dores e sofrimentos ninguém, em sã consciência, tem dúvida. O mais importante, porém, é a maneira pela qual cada um de nós se comporta nos momentos em que a vida faz uma avaliação do nosso progresso já alcançado, de vez que ao mundo viemos para justamente progredir em todos os sentidos.

Feliz daquele que, mesmo enfrentando a dor física ou o sofrimento moral, mantém a fé sempre depositada em Deus, na convicção de que o Pai Celeste, sendo a Justiça perfeita, não o deixaria em determinado transe, se não houvesse uma razão para isso, a qual ele pode não conhecer direito. E sendo também o Criador a Bondade misericordiosa, não o relegaria ao abandono sem qualquer modalidade de amparo ou socorro. Já não diz a sabedoria popular que o frio vem de acordo com o capote?

Pesando bem as coisas, nem tudo é sofrimento e dor à face da Terra. Nem todas as criaturas são hipócritas, egoístas, interesseiras, orgulhosas. Cada criatura, se tem sombras, exibe também luz. Às vezes, a gente erra querendo acertar. São Paulo chegou a confessar que deixava de fazer o bem que desejava e fazia o mal que não queria. Analisando com mais vagar, veremos a existência de muitas pessoas, anônimas, na maioria dos casos, que dão tudo delas mesmas para a melhoria das condições da Humanidade, pelo menos no reduto do lar. Inegavelmente há coisas belas que não podem ser ignoradas. Podemos vivenciar (e por que não?) momentos de relativa felicidade, sim! Só não ouve a maravilhosa sinfonia da vida aquele que fecha os ouvidos às vibrações positivas da existência... Só não vê as grandiosas harmonias do viver aquele que usa os óculos escuros do derrotismo ou as lentes da precipitação... Só não sente o encanto do planeta Terra em sua paisagem multiforme (desde que não corrompida pela ganância humana, que lhe destrói o equilíbrio ecológico) quem se acomoda no frio capote do desânimo e da indiferença...

Há beleza — e muita! — no raiar de cada novo dia. O sol rompe as trevas da noite e irradia calor e vitalidade, abençoando os vales e as montanhas, os rios e os charcos, a aridez do deserto e o bucolismo dos campos, acordando o lavrador para as bênçãos da semeadura das hortaliças e dos cereais...

Há beleza — e quanta! — no refulgir da lua cheia em plena madrugada. Seu palor fantasmagórico como que balsamiza a cidade que dorme e a floresta que ressona, ornamenta o jardim florido e a praia distante, acaricia o gelado das neves polares e o próprio azul sereno do céu sem fim.

Há beleza — e tanta! — nas gotas da chuva alimentando as árvores, guarnecendo os rios, adubando o solo fértil, garantindo às populações do campo e da cidade os alimentos essenciais.

Há beleza — e pujante! — no sorriso inocente da criança que se prepara, sob o atencioso zelo maternal, para ingressar na escola primária. Na euforia do rapaz que se adestra, sob a orientação do professor, para enfrentar um concurso. No entusiasmo do profissional que se esmera no exercício de suas atividades no comércio, na indústria, na prestação de serviços terciários.

Há beleza — e admirável! — na ação da enfermeira que leva xarope amargoso para curar um doente no leito de um hospital do

70

governo. Na ação do carpinteiro que transforma com perícia um pedaço de madeira em portas e janelas. Na ação do pedreiro que assenta tijolos e levanta um muro. Na ação do jornalista que educa por meio da informação. Na ação do escritor que passa ao público, num livro edificante, o supra-sumo de seu conhecimento. Na ação da lavadeira que estende as roupas no coradouro. Enfim, na ação daquele que trabalha, que produz, que serve, contribuindo para o equilíbrio social.

Há beleza no velho que chora de saudade, rememorando a sua juventude, e no moço que sonha planos de ventura para o seu futuro. No cientista que pesquisa e no sacerdote que vive os postulados de sua religião. Há beleza inclusive nas lágrimas que lavam o coração. Nas dores que burilam a alma. Nas decepções que disciplinam o impulso. Nas dúvidas que nos empurram para o conhecimento da verdade. Nas canseiras que nos conduzem ao aperfeiçoamento. E nos momentos da vida que, se bem vividos, nos levam e elevam para Deus, que é, em última análise, a Beleza Suprema de tudo!...

NADA DE CULPA

Com efeito, em pleno sermão do monte, Jesus já dizia: "Sede perfeitos como o é o Pai Celestial". Quer dizer, a nós cabe a tarefa do auto-aperfeiçoamento debaixo da assistência amorosa e justa de Deus. Sem dúvida, o Criador sempre e sempre nos ampara em todas as circunstâncias da vida. Mas isso não significa omissão da nossa responsabilidade ou exoneração das tarefas de que Ele mesmo nos revestiu, de modo que ninguém recebe este ou aquele talento, esta ou aquela habilidade para escondê-los no baú da inércia ou relegá-los à ação erosiva da preguiça.

Ao mundo viemos para fazer o melhor que esteja ao nosso alcance, sem a mórbida mania de perfeição, sem a neurose do perfeccionismo. Quem age assim acaba cobrando muito, inclusive daqueles que o cercam, criando problemas perfeitamente evitáveis. Demais, não conseguindo ser perfeita tanto quanto queria, a criatura acaba na frustração.

O mesmo Jesus dizia que "a cada dia já basta o seu mal".

Procuremos fazer o melhor, sem ansiedade. O ansioso anda às tontas, à beira de um precipício. Brejeiramente diz o povo que o afobado queima a língua ou come cru.

É claro, lógico e evidente que você deve procurar corrigir os seus defeitos, reduzir as facetas desagradáveis da sua personalidade, desvencilhar-se de velhas manias e esquisitices, medos e receios infundados.

Lute por ampliar os seus conhecimentos na área do saber. Porfie por melhorar os seus sentimentos no domínio das emoções. Nisso é que consiste a exortação cristã "sede perfeitos". Entendamos, porém, que Deus não fez o mundo num só dia. Temos de dar tempo ao tempo, sem que venhamos a cair nas malhas da acomodação. Afinal de contas, como dizia o historiador César Cantu, "o pão mais saboroso, a comodidade mais agradável é a que se consegue com o próprio suor".

Mas, tudo isso deve ser considerado com moderação, com calma. Roma não foi feita num só dia.

Numa admirável máxima, já dizia o Marquês de Maricá que "a realidade nunca nos dá tudo quanto promete a imaginação". Analisemos com vagar essas palavras.

Dentro de cada criatura existe um EU imaginário, ideal, bom, correto, sem mácula. Porém, no correr do dia-a-dia, cada um se defronta consigo mesmo, encarando (esta a dura verdade) um EU real, concreto, que está muito longe daquela bondade, daquela correção, daquela perfeição idealizada. Em muitos de nós instala-se, diante desse dualismo natural do ser humano (embora não queiramos aceitá-lo naturalmente), instala-se, dizia eu, como que um complexo de culpa. É a criatura se arvorando em implacável juiz dela mesma, não se desculpando, não se perdoando, caindo muitas vezes na vala da depressão, reduzindo a quase zero a sua auto-estima — o que não é útil nem proveitoso para ela ou para terceiros. Pelo contrário, perde um valioso espaço de tempo que poderia ser empregado na automelhoria, sem cobranças excessivas nem complexo de inferioridade.

Pessoas há que fazem uma lista enorme de seus "pecados", em razão talvez de exagerada cobrança dos pais, dos dogmas religiosos cheios de rigor ou da pressão social. E se põem a gastar energia no remorso, no arrependimento e na culpa, energia voltada para uma lamentação interior inoperante, energia essa que poderia, ao contrário, ser canalizada para novas coisas, novas ações construtivas, novos comportamentos edificantes.

Meu amigo, reconheça-se humano com suas limitações, sem cair na prostração, porque limitações todos nós temos. Até o Papa é uma criatura falível, com todo o respeito que temos pelo sumo pontífice dos católicos romanos. Errar é da condição humana. Graças a Deus eu erro e você também. O erro é uma advertência de que certa experiência não deve ser repetida. Sirva ele de alerta, de ensinamento. E não de tristeza, de angústia, de mortificação.

Para encerrar, transcrevo frases oportunas que li alhures e que nos dizem assim:

"Tentar você ser algo que não é, ter idéias que não são atingíveis, ter a praga do perfeccionismo de forma a querer estar livre de críticas é abrir a senda infinita da tortura mental. Amigo, não seja perfeccionista. Perfeccionismo é uma maldição e uma prisão. Quanto mais você treme, mais erra o alvo. Não tenha medo dos erros, que eles não são pecados, são formas de fazer algo de maneira diferente, talvez criativamente nova. Assim, não fique aborrecido por causa de seus enganos e equívocos. Alegre-se por tê-los cometido, procurando, é claro, não reincidir neles. Afinal, só não erra aquele que nada faz".

POR QUE A ANSIEDADE?

Pessoas encontramos pela vida que desejam as coisas já prontas, não se dando conta de que é necessário trabalhar para realizá-las. Tais criaturas mantêm a ingênua certeza de que tudo lhes será dado de graça, ou então mediante um mínimo dispêndio de esforço. Mal sabem que muitos daqueles que nasceram em esplêndido berço de ouro e que vivem cercados de facilidades raramente são felizes! Aliás, sem que haja algo de pessimismo no que passo a dizer, recordo exemplos fornecidos pelo escritor Pitigrilli, quando disse isto: "A felicidade pessoal é coisa que se paga! Veja o destino dos homens que tiveram tudo: o arquimilionário Rockefeller só digeria leite de mulher, tais os seus tormentos digestivos; Morgan, eternamente insone, dormia apenas uma a cada oito horas; famoso industrial, considerado o pai da carne em conserva, tinha uma filha idiota; o presidente de importante indústria madeireira tinha um filho retido no cárcere". Ah! O dinheiro pode trazer, às vezes, felicidade; mas não a felicidade real e perene, muito embora, para ser feliz, é claro que cada qual deve ter o mínimo para manter-se a si e aos seus familiares mais diretos.

Os ansiosos supõem que lhes serão dados prestígio, destaque, alegria, saúde, riqueza, sem suarem a camisa, sem queimarem o fosfato, sem moverem uma palha só. No momento em que as coisas ficam difíceis e o sonho não se torna uma realidade, desiludem-se da vida. Ou então partem para a concretização de seus planos de maneira estabanada, com sofreguidão.

Ora, semelhante comportamento causa desde distúrbios orgânicos até o desinteresse pela vida. Nessas circunstâncias instalam-se doenças psicossomáticas, como a excessiva produção de suor, a gastrite, a insônia, a colite ulcerativa, a hipertensão...

Sem dúvida, devemos dar o melhor de nós mesmos para que possamos *ter* ou então *ser* aquilo que desejamos. Para tanto, devemos, às vezes, vencer a timidez, e, para vencê-la, alguém já deu a receita: faz-se necessário esquecermos as críticas que comum e erroneamente fazemos a nós mesmos e não nos importarmos muito com os comentários maliciosos de terceiros... Devemos vencer a indolência, atirando-nos ao trabalho, o qual, conforme o provérbio do Haiti, não é duro, apesar de nossos olhos terem medo dele!

O famoso inventor do pára-raios, Benjamin Franklin, sabiamente dizia: "Se amais a vida, não desperdiceis o tempo, que é a teia da existência. A preguiça dificulta tudo. O trabalho tudo facilita". Portanto...

O trabalho (quem o disse foi o poeta português Guerra Junqueiro) deve nascer espontaneamente da alegria, assim como o fruto nasce espontaneamente duma flor. Aliás, também declarava Alberto Ramos, num dístico expressivo, estas palavras:

"Não há trabalho vil e não há baixo ofício.

Só a inércia é vileza e só desonra, o vício".

Voltando à ansiedade, diria a você que os laboratórios farmacêuticos faturam milhões de dólares mensalmente com a comercialização de inúmeros produtos ansiolíticos, popularmente conhecidos como tranqüilizantes.

Reconheço que há casos em que eles são necessários, desde que usados sob o controle de um médico competente, que conduza o paciente a libertar-se dessas muletas bioquímicas que controlam os neurotransmissores do indivíduo ansioso, sobretudo no tumulto dos dias atuais. Mas, o que nos pode tranqüilizar com maior eficiência é a fé. A fé depositada em nosso valor. A fé depositada na validade dos nossos esforços diuturnos, esforços serenos, metódicos, disciplinados, na direção de um ideal bem definido de crescimento e de progresso. A fé depositada na Bondade e na Justiça de Deus, que incansavelmente nos supre de forças físicas e morais para que construamos a auto-satisfação e sintamos a alegria de viver, tudo isso com persistência, mas sem afoiteza, com esperança, mas sem acomodação.

CRESÇA E APAREÇA

Alguns entendidos nas ciências do comportamento humano dizem que tudo quanto fazemos ou deixamos de fazer tem um único objetivo: o de nos restabelecer o equilíbrio orgânico, em sentido amplo.

Para tornar-me mais claro, darei dois exemplos.

Se aparece a fome, o indivíduo se movimenta até conseguir alimento; depois de saciado, acomoda-se. Quando se vê ameaçado, ele luta ou então foge, até desaparecer o perigo. Desaparecida a ameaça à sua integridade, acomoda-se. E assim por diante...

Quer dizer, cada qual age de acordo com as circunstâncias, de sorte que, para se levar alguém a produzir algo, ter-se-ia de alterar as circunstâncias, alterar as condições do meio, oferecendo-se prêmios ou distribuindo-se punições.

Outros entendidos nas mesmas ciências comportamentais alegam que, muito embora o meio exerça uma inegável influência sobre o procedimento humano, não podemos perder de vista outrossim a existência de um impulso interior espontâneo para crescer.

Chegam a fazer expressiva comparação: assim como o óvulo fertilizado pelo espermatozóide (lá no terço superior da trompa de Falópio) por uma força natural se desenvolve em ovo, o qual se aninha no útero e dá origem ao embrião, ao feto, ao bebê e, mais tarde, ao adulto, também existe uma energia que nos impulsiona ao crescimento psicológico, emocional, espiritual, levando-nos pouco a pouco à realização plena de nossas potencialidades...

É claro que há situações ambientais importantes sobretudo na fase da primeira infância, que estimulam ou que inibem as nossas ações. Todavia, somos dotados de livre-arbítrio, ou seja, da capacidade de livre escolha, para enfrentar as situações do ambiente, encará-las e, até mesmo, vencê-las, superá-las. Não fora isso e o ser humano não passaria de um robô, de marionete na trama do destino ou no palco da vida. Na verdade, não é assim que as coisas se passam, não. O meio influi sobre o homem, mas o homem tem condições de alterar, neste ou naquele sentido, o próprio meio.

Talvez algum leitor já esteja indagando: por que motivo indivíduos aparentemente saudáveis e capazes com freqüência se acomodam em situações medíocres, claramente insatisfatórias, como que bloqueados, amarrados de pés e mãos?

Para responder a essa pergunta, passo a palavra a um dos mais eminentes fundadores da Psicologia norte-americana, William James, que, entre outros esclarecimentos, legou-nos os que se seguem:

"Via de regra, os homens usam habitualmente apenas uma pequena parte dos poderes que realmente possuem e que poderiam usar sob condições apropriadas. (...) A maioria de nós sente como que uma nuvem pairando sobre suas cabeças, conservando-nos abaixo do nosso mais alto grau de clareza de discernimento, de segurança de raciocínio, de firmeza de decisão. Comparando-nos com o que poderíamos ser, estamos meio despertos. (...) Estamos fazendo uso apenas de uma pequena parte dos nossos recursos físicos e mentais. De um modo geral a criatura humana vive, assim, muito aquém dos seus limites. Possui poderes de vários tipos que, habitualmente, deixa de usar".

Amigos, dá-se o que denunciou o pai da Psicologia norte-americana exatamente porque precisamos sem demora remover de nosso caminho determinados condicionamentos que nos impedem de viver em plenitude.

Antes de mais nada, devemos acabar com aquela imagem distorcida de nós mesmos acerca de nossas capacidades. Somos aquilo que pensamos.

Os pensamentos – já disse alguém com acerto – são os modeladores do ser, porque são os promotores dos atos. Assim como o homem pensa, naturalmente se comporta. Doutro autor esta comparação: "Nossos pensamentos são paredes em que nos enclausuramos ou asas com que progredimos na ascensão".

Portanto, seremos aquilo que desejarmos, desde que trabalhemos com persistência e também paciência!

Em seguida, devemos acabar com a velha mania de nos colocarmos na posição de vítima das circunstâncias, pondo de pronto a culpa de tudo aquilo que nos suceda de desagradável ou ruim sobre os ombros alheios.

Se deseja efetivamente crescer mais e mais, o indivíduo tem de assumir de modo integral a direção do seu destino, não se deixando influenciar por outrem, sobretudo se esse outro é claramente funesto, castrador, nocivo.

Poucos de nós se dão conta de que a auto-imgem, ou seja, aquilo que cada qual acha que é, é uma imagem construída pelos outros; e nós nos deixamos levar por esse engano. Pode a auto-imagem de alguém estar muitíssimo distante da realidade; e a criatura, sem perceber, ter recursos melhores do que supõe.

Encaremo-nos sem generosidade nem rigor, como somos em nossa essência. Sigamos o velho preceito que nos vem desde Sócrates: "Conhece-te a ti mesmo".

Reforcemos nossos aspectos positivos. Corrijamos os negativos. E partamos para a vida sem medo de sermos felizes!

SOBRE O DINHEIRO

O estudante de Química aprende existirem metais alcalinos, metais terrosos, metais alcalino-terrosos. Mas, não encontra na Tabela Periódica dos Elementos espaço para o considerado vil metal. Já se vê que estamos diante de uma linguagem figurada, quando assim nos referimos ao dinheiro.

Mas... seria o dinheiro em si mesmo a causa das desigualdades sociais, fazendo com que alguns se embriaguem com o uísque e muitos não disponham sequer de leite? Ou seria exatamente o egoísmo a razão, o motivo de tudo isso?

Pudesse falar, o dinheiro diria, num apelo patético: "— Ensina aos que me guardam sem proveito que sou o sangue do trabalho e do progresso, da caridade e da cultura, e ajuda-os para que me libertem".

Tinham razão os romanos quando diziam que a virtude está no meio, ou seja, a virtude está no equilíbrio. Todos os extremos são perigosos, são radicais, nada construindo de bom para ninguém. Relativamente à moeda, há aqueles que se apegam a um extremo,

81

esbanjando-a com futilidades para analisar suas paixões e vaidades, sem auxiliar a muitos que imploram a migalha de um centavo de ajuda urgente e inadiável. E há aqueloutros que se apegam ao extremo, dando esmolas indiscriminadamente, sem atentar para os propósitos daquele que está pedindo nem as finalidades reais das instituições a que estão ligados como associados.

Nem usura que só se desfaz quando se trata de aumentar o bem-viver de uns em detrimento de muitos, nem dissipação que espalha moedas de maneira desordenada, perdulária, assistemática. No meio termo está a virtude. No equilíbrio está a chave do enigma na aplicação do dinheiro.

Fazer caridade não é distribuir dinheiro fartamente, sem critério.

Quem dá um peixe a um esmoler alimenta-o por algumas horas. Mas, quem o ensina a pescar alimenta-o para o resto da vida. Sem dúvida, quando aplicado em empreendimentos capazes de promover a criatura humana, é o dinheiro verdadeira bênção celestial para fortalecimento do corpo e da alma.

Entendo o desejo sincero de auxílio daqueles que distribuem as chamadas cestas básicas aos necessitados de um bairro ou de uma cidade. É prova de amor cristão. Aqueles quilogramas de mantimentos socorrerão o estômago de famílias em dificuldades gritantes. Nada mais terrível do que a mãe ou o pai ver seus filhos pedindo uma côdea de pão, sem poder atendê-los.

Entretanto, mais vale o dinheiro que se converte em escola profissionalizante ou em oficina industrial. O dinheiro que se transforma em ambulatório ou nosocômio. Será ele aquele recurso que se movimenta na promoção, repito, das criaturas carentes, impulsionando o progresso sem envilecer o pedinte, sem envergonhá-lo, sem deprimi-lo em sua auto-estima, sem viciá-lo na mendicância, nem condená-lo ao pauperismo.

Nosso mundo ainda se debate em misérias sociais, a despeito dos prodígios da tecnologia da atualidade, porque o dinheiro é guardado sob sete chaves nas mãos de poucos, a fim de ser gasto em artigos supérfluos ou no fabrico de armamentos, em nome da defesa nacional dos povos.

Dia virá, no entanto, em que ele será convertido em solo

arroteado para o cultivo dos legumes e dos cereais para todos. Será convertido em pesquisa laboratorial no combate às doenças contagiosas. Será convertido em livros para disseminar a cultura e a instrução, sobretudo às crianças e aos jovens de todos os quadrantes do globo.

E nós, que pouco dispomos em termos financeiros, guardemos a certeza de que, para socorrer e auxiliar, nem sempre precisamos de dinheiro. Temos a riqueza da voz para falar palavras de alento e a fortuna da audição para ouvir as queixas dos que sofrem sem atendimento imediato. Temos o tesouro dos braços ágeis e das pernas firmes para amparar os que se encontram no catre da dor física ou da angústia moral. Temos a abundância do raciocínio claro, da inteligência lúcida, da razão segura para dar alguma orientação ao desorientado que nos busca pedindo diretriz. Temos a opulência da vida para amar os que estão descrentes de tudo e de todos.

Para terminar este capítulo, transcrevo trechos que li alhures e que recordo para nossa meditação:

"As moedas, para a perdição, têm o valor que lhes dão os que delas dependem para o uso maléfico das paixões. Transformadas em leite e pão, medicamento e agasalho, casa e abrigo para necessitados, tornam-se bênção da vida para a dignificação humana. Não resolvem, porém, todos os problemas, pois que alguns são da alma e, somente através de meios apropriados, poderão ser realmente solucionados".

POR AMOR À CRIANÇA

Inicio este capítulo com a transcrição de um trecho que andei lendo há algum tempo atrás, onde encontramos estas ponderações:
"A criança é o dia de amanhã, solicitando-nos concurso fraternal.
"Planta nascente — é a árvore do futuro, que produzirá segundo o nosso auxílio à sementeira. Livro em branco — exibirá, depois, aquilo que gravarmos agora nas suas páginas.
"Luz iniciante — brilhará no porvir, conforme combustível que lhe ofertarmos ao coração. Barco frágil — realizará a travessia do oceano encapelado da Terra de acordo com as instalações de resistência com que lhe enriquecermos a edificação".
Napoleão Bonaparte dizia que a futura conduta, boa ou má, de uma criança, depende unicamente da mãe.
Ouso discordar do famoso general francês. Além da mãe, toda criança tem um pai. E o papel do pai não poderá de modo algum ser esquecido nem relegado a segundo plano. Demais, outros são os

agentes educadores, como os professores, os grupos de amigos, os meios de comunicação, a pregação dos religiosos, o comportamento dos ídolos (jogadores de futebol e de outros esportes, cantores, artistas de cinema, do teatro e sobretudo da tevê), até mesmo os exemplos (nem sempre positivos) dos dirigentes políticos são agentes educadores, com um papel também relevante na formação da personalidade do indivíduo. Todavia, desses agentes todos, os mais importantes são, sem dúvida, os pais, de quem a criança precisa receber amor, apoio, atenção, compreensão, carinho, paciência e acompanhamento.

A criança sonha, deseja, fantasia. Tem necessidades cuja satisfação vai determinar uma personalidade adulta equilibrada. Apresenta carências importantes, que são, lamentavelmente, na maioria das vezes, negligenciadas pelos adultos.

Bem sei que as dificuldades de ordem econômica, as aperturas financeiras, o corre-corre imposto pela vida moderna, sobretudo nas grandes cidades, não facilitam aos pais a execução dessas tarefas; pelo contrário, trazem dificuldades. Todavia, insisto (sem querer ser impertinente) na urgente necessidade de se compreender o mundo infantil, até porque o filho não sabe verbalizar, não sabe expor, como o adulto, suas necessidades psicológicas fundamentais.

Tentando despretensiosamente colaborar com os pais, recordarei algo que talvez facilite o relacionamento de pais e filhos.

Como é sabido, a criança está em constante desenvolvimento, tanto físico como emocional. Assim, no primeiro ano de existência, recebe as mais elementares formas de afeto, gratificando-se, se as recebe em forma de amor; ou então frustrando-se, se esse amor não lhe for oferecido pelos pais.

De acordo com o seu duplo desenvolvimento físico e emocional, a criança vai descobrindo e testando as suas potencialidades, ocasião em que é necessário o apoio dos pais. Assim é que, entre o 3º e o 6º anos de vida, ela explora o ambiente perguntando muito o que é isto, o que é aquilo, e, numa fase mais adiante, passa a indagar também para que isto, para que aquilo; em síntese, quer saber e participar. É claro que merece então atenção.

Por volta do 4º ano de vida, a menina tem a mãe como objeto

de identificação, voltando-se, mais tarde, para o pai. De igual modo, o menino procura identificar-se com a figura paterna. É a fase de afirmação importante, porque irá traçar as nuanças da personalidade adulta. Nessa quadra, o filho merece compreensão.

Convém recordar que, para a criança, a brincadeira (o jogo, como se diz em Psicologia infantil) tem a mesma importância que o trabalho para o adulto. Tanto que o psicólogo francês Claparède dizia que a criança nasceu para imitar e para jogar. Peço a atenção de quem lê para os dois termos usados por esse educador: imitação e brincadeira — que predominam na idade infantil e influem no psiquismo delicado do ser em processo de formação.

Quando nasce em casa um segundo filho, os pais, sem o perceber, podem dirigir sua atenção bem mais para o caçula, esquecendo-se do filho mais velho. Isso é danoso, podendo gerar revolta e ciúme, no primogênito. Jamais percamos de vista esse detalhe!

Dos 6 ao 7 anos, a criança se volta para a escola e para a aprendizagem sistematizada; no entanto, nem por isso poderá deixar de apresentar resquícios das idades anteriores não plenamente vividas, daí, às vezes, um medíocre desempenho escolar. É onde entram, da parte dos pais, a paciência e o acompanhamento.

Resumirei este capítulo mais ou menos, anotando o que se segue.

Pai e mãe devem estar junto dos filhos, apoiando-os em suas descobertas, permitindo que essas sejam por eles (filhos) vivenciadas individualmente, sem cerceamento injustificado de sua liberdade. Nos casos evidentes de perigo físico ou moral, nada de castigos, mas que haja diálogos fraternos, amistosos, onde o amor esteja presente sempre.

Que os filhos façam suas experiências, exercitem suas potencialidades, mostrem suas capacidades, escolham seus caminhos, sempre com o apoio, o carinho e a atenção dos genitores. Afinal de contas, como dizia o historiador inglês Gibbon, cada um de nós recebe duas classes de educação: uma que nos dão aqueles que nos cercam e outra que nós nos damos a nós próprios.

86

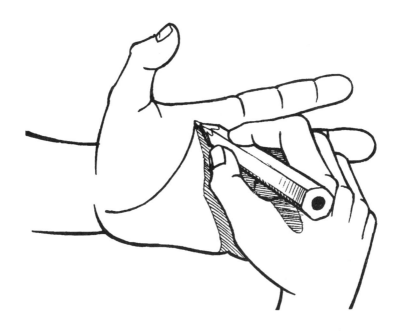

CONSTRUA O SEU DESTINO

    Determinado escritor britânico, quando esteve nos Estados Unidos pela primeira vez, há muitos anos, viveu uma curiosa experiência digna de reflexão.
    Porque estivesse com apetite, procurou um restaurante de aparência atraente. Resolveu entrar em um onde tudo indicava que os pratos seriam preparados com higiene e que valeria a pena degustá-los. Gostou do ambiente interno e, tendo escolhido um canto isolado, dirigiu-se para dada mesa. Sentou-se, esperando a aproximação de algum garçom com o cardápio. Só que ali ficou sentado durante longos minutos, que lhe pareceram uma verdadeira eternidade, sem que lhe surgisse algum garçom para servi-lo.
    Em derredor todos saboreavam as mais variadas iguarias, os mais capitosos licores, as mais frescas frutas tropicais. E ele naquele abandono inexplicável. Será que achavam não ter ele dinheiro para pagar a conta?
    Só então é que, um tanto envergonhado, percebeu ser aquele

um restaurante onde cada cliente apanhava uma bandeja e ia até onde estavam os quitutes, as sobremesas, as bebidas e pegava para o seu prato um pouco do que desejasse, em maior ou menor quantidade, segundo o seu gosto pessoal.

Meu amigo, o mesmo acontece na vida diária.

Não fique de braços cruzados esperando que ocorrências agradáveis, experiências felizes, oportunidades de ouro lhe venham ao encontro. Se a montanha não vem a Maomé, Maomé vai à montanha. Isto mesmo: vá você, com equilíbrio, com moderação e com senso de conveniência, mas sem timidez, sem acanhamento, sem receios infundados, até essas ocorrências, essas experiências, aproveitando as oportunidades valiosas a fim de que possa usufruir os efeitos benéficos desses eventos para a sua saúde física e emocional.

Se o camponês não toma a enxada (apesar da canícula do sol ardente), se não arroteia o solo, se não abre uma cova e ali enterra a minúscula semente, se não cuida de adubar o chão, se não se lembra de levar água ao grão ali plantado, se não protege a plantinha do ataque das ervas-daninhas e dos insetos nocivos, se não poda os ramos adventícios ou endireita os galhos tortos, de modo algum terá a alegria de recolher, na estação apropriada, os frutos maduros.

No mundo há de tudo um pouco: momentos de dificuldades e instantes de felicidades, horas de apreensões e dias de contentamento... Se aqui amigos lhe abrem a face num sorriso franco e leal, ali adversários o caluniam ou dizem verdades que você não gostaria de ouvir. Se agora alguns familiares azucrinam os seus ouvidos com lamúrias aborrecidas, depois aparecem camaradas que lhe compreendem os pontos vulneráveis.

Falando-se em restaurante, lembro-me de um dito que li alhures, brejeiro e profundo, nesta frase curta, mas verdadeira: "Não se vive do que se come, mas do que se digere...".

Se o viver tem luzes e sombras, então cabe a você escolher em que posição ficará para sua maior vantagem e proveito: se no desânimo que nada constrói e que leva fatalmente à depressão; se no impulso constante e intenso de lutar e vencer, de avançar e triunfar, de modo que se valorize, depois, o seu suor despendido, o esforço empregado, a dedicação concentrada para a concretização dos ideais venturosos da consciência tranqüila!

Guarde a inabalável certeza de que somos os construtores do nosso destino dentro de um determinismo do qual ninguém se furtará jamais: o de sermos felizes! Cada qual está fadado a ser fatalmente feliz! Dores, sofrimentos, amarguras são criações nossas, na medida em que transgredimos as leis da vida. Essas violências que cometemos causam-nos desconforto e mal-estar para que possamos buscar o reequilíbrio e a harmonia em direção à paz interior.

No restaurante norte-americano, o escritor britânico levantou-se da mesa e foi servir-se a si mesmo de acordo com seu gosto, escolhendo este ou aquele guisado. Na vida, saiamos de nós mesmos e coloquemos à nossa disposição a queixa, o desânimo, a descrença, o desalento, a revolta, a inveja, aumentando o desconforto íntimo; ou, pelo contrário, elejamos o entusiasmo, o otimismo, a esperança, a paciência, a tolerância, os anseios de vitória, o desejo de gozar o encanto de viver.

Afinal de contas, como dizia Júlio Dantas, a felicidade é qualquer coisa que depende mais de nós mesmos do que das contingências e eventualidades da vida.

ESTRESSE

Pessoalmente não gosto muito desse vocábulo, derivado do termo inglês *"stress"*. Prefiro trocá-lo por duas palavras genuinamente nossas, que, a meu ver, definem muito melhor o estado de espírito de quem se diz "estressado": tensão emocional.

Emocionalmente está tenso aquele que, no tumulto da vida moderna, se vê como que assoberbado de quefazeres, esmagado por ocupações e preocupações profissionais ou domésticas, cheio de medos e de apreensões, não sabendo como resolver tantos e tamanhos problemas que se lhe amontoam no caminho.

Com efeito, diante de qualquer obstáculo, o organismo se mobiliza para um enfrentamento, produzindo determinadas substâncias bioquímicas apropriadas para iniciar uma possível luta, ou, então, para fugir, o que não deixa de ser um mecanismo de defesa orgânica.

Ocorre que nenhum organismo, por mais resistente que seja, poderá manter-se sob tensão durante um tempo prolongado; acaba cansado, podendo chegar mesmo à exaustão. E o obstáculo não será superado, não se resolverá o problema que causava tanta aflição.

Ante os incessantes desafios da vida (necessários para o nosso progresso, caso contrário não sairíamos da inércia), existem aquelas pessoas que sem nenhuma cerimônia exteriorizam de pronto os seus sentimentos de irritação. Explodem, blasfemam, insultam, agridem. Assim agindo, apenas criam ou aprofundam inimizades. E há aqueles que, por timidez ou sob rígido controle moral, projetam para dentro de si mesmos aqueles sentimentos de insatisfação, buscando algum alívio enganosamente no cigarro, nos cafezinhos, no álcool, nos remédios, inclusive nas chamadas drogas pesadas. Além de se entregarem aos vícios, podem tornar-se arredias, desconfiadas, amargas, descrentes de tudo e de todos.

Para vencer os desafios do viver humano, antes de tudo, na minha modesta, mas sincera opinião (e exponho o meu pensamento aqui no desejo de ser útil a algum leitor), é necessário que mantenhamos fé inabalável em Deus e não exijamos milagres dos outros, nem de nós mesmos. Afinal, todos temos um calcanhar de Aquiles, ou seja, as nossas fragilidades.

A confiança na Bondade e na Justiça de Deus constitui a edificação de uma casa sobre a rocha granítica da fé, na serena certeza de que nem tudo está perdido. Aquilo que hoje nos parece impossível amanhã se realizará, desde que nos esforcemos para tal, com pertinácia e paciência.

Quanto ao comportamento do outro, deixemos isso a cargo dele. Cuidemos de nossa conduta. Essa poderá ser regida por nós mesmos; e por ela é que somos os únicos responsáveis. O outro responderá pelo que estiver fazendo, falando, pensando. Deixemos que ele viva como queira, sem permitir que interfira em nosso modo de viver a nossa vida.

Para encarar de frente os problemas da existência, que às vezes são muitos e variados, comecemos por relacioná-los, buscando a solução sem atropelo daqueles que são atuais, são prioritários, são fundamentais. Cuidemos do hoje, deixando o porvir para quando ele for presente. Até porque muitos dos problemas que supomos irão infernizar o nosso futuro raramente chegam mesmo a acontecer. Preocupamo-nos com eles inutilmente...

Busquemos acalmar a mente, disciplinando o pensamento na certeza de que, de uma forma ou de outra, temos sempre capacidade de resolver este ou aquele desafio da existência.

Não deixemos de fazer algum exercício físico, ainda que seja uma caminhada em contato com a Natureza de um bosque, de um campo, de uma praia, de um monte, ou pelo menos de um jardim. Relaxemos os músculos e a mente também lendo um bom livro, ouvindo uma música suave, assistindo a um filme agradável, admirando a luz da lua cheia, acariciando um cãozinho, escutando o pipilo de um pássaro, aspirando o perfume de uma flor, levando uma palavra de conforto a um doente ou mesmo a um presidiário, conversando com pessoas afáveis e otimistas.

Sejamos tolerantes, não exigindo nada de ninguém, nem exigindo muito de nós mesmos. Em verdade, a irritação da intolerância apenas azeda o nosso dia e atormenta o nosso íntimo inutilmente! Além de afastar os outros de nós.

Amemo-nos a nós próprios, não "queimando" estupidamente o organismo, o fígado, o estômago, os intestinos, o coração, por nonadas, entendendo, de igual maneira, as fragilidades do semelhante.

Esqueçamos de vez o que de desagradável nos sucedeu. Do passado só recordemos aquilo que possa servir de lição para o presente e de edificação para o porvir.

O estresse (vá lá que eu use esse nome tão em voga hoje em dia!) está muito mais na mente do que nos fatos, nas circunstâncias ou nas pessoas. Na mente estão as raízes da felicidade ou da desventura, da saúde ou da doença, do sucesso ou do fracasso, do entusiasmo sadio ou da depressão enfermiça.

Em sendo assim, cabe a cada um de nós a tarefa da escolha do caminho a ser palmilhado, assim que surja a luz de um novo dia. Afinal, como filosofava o Marquês de Maricá, em vão procuraremos a verdadeira felicidade fora de nós, se não possuímos a sua fonte dentro de nós mesmos.

LEMBRETES OPORTUNOS

Faça o bem de tal maneira
Que saia do coração
A bondade verdadeira
Não impondo condição!

Do leito alegre levanta
Quem deseja vencer já:
Justamente porque canta
É feliz o sabiá!...

Não tema da noite o escuro,
Supondo-a mar sem farol...
Sempre surge, muito puro,
Noutro dia um belo sol!...

Ficar recordando mágoas
Só trevas traz ao caminho...
Se já passaram, as águas
Não mais moverão moinho!...

Quem busca sempre sorrir
Caminha firme adiante...
Entrega a Deus seu porvir
E trabalha confiante!...

ROTEIRO CRISTÃO

Deus não pune ninguém, nem prêmios espalha,
Na placidez dos céus ou dor do inferno,
Porque seu filho sempre foi fraterno,
Ou vacilou numa existência falha!...

A Lei Maior ajuda aquele que trabalha,
Procurando sossego interno,
Como aquele que sofre julga eterno
Seu sofrer, se na sombra se agasalha!...

Cada um de nós o seu destino cria,
De venturas, de luz, ou de agonia,
De acordo com aquilo quanto faça!...

Busquemos, pois, irmãos, sabendo disto,
Viver o ensino dado pelo Cristo
Na conquista da Paz que não nos vem de graça!...

Editora Otimismo Ltda
SIG - Q. 06 - Lote 1.515 - Sala 102
70610-400 - Brasília - DF
Telefax: (061) 344.0505